DRACHENSTURZ

UFO-Abstürze: Das ultimative Trauma!

1. Auflage Oktober 2019

OSIRIS – Verlag, Marktplatz 10, D-94513 Schönberg
www.osiris-verlag.de

Umschlaggestaltung, Satz und Layout: Luna Design KG

ISBN: 978-3-947397-16-7

Dieser Titel ist auch als eBook erhältlich, ISBN (eBook): 978-3-947397-17-4

Gerne senden wir Ihnen unser Verlagsverzeichnis:
OSIRIS-Verlag
Marktplatz 10
D-94513 Schönberg
Email: info@osirisbuch.de
Tel.: (08554) 844
Fax: (08554) 942894

Unser Buch- und DVD-Angebot finden Sie auch im Internet unter:
www.osirisbuch.de

OLIVER GERSCHITZ

DRACHENSTURZ

UFO-Abstürze:
Das ultimative Trauma!

OSIRIS
Verlag

„Er wurde gestürzt, der große Drache, die alte Schlange,
die Teufel oder Satan heißt und die ganze Welt verführt.
Der Drache wurde auf die Erde gestürzt,
und mit ihm wurden seine Engel hinabgeworfen."

(Offenbarung 12,9)

INHALT:

Warnung und Bitte an den Leser!

Seit vielen Jahren beschäftige ich mich mit dem UFO-Phänomen. Im Jahr 1996 wurde ich dann aber zum ersten Mal „direkt" mit diesem Thema konfrontiert. Und zwar mit den unglaublichen Vorgängen im südlichen Afrika, sprich, einen dort angeblich geschehenen UFO-Crash. Wie sich herausstellte, war dies aber offenbar nur *ein* solcher Zwischenfall von vielen. Dieses Buch will nun der Öffentlichkeit die äußerst wichtigen Informationen zu den bisherigen, weltweiten UFO-Abstürzen zur Verfügung stellen. Es sollen zumindest *die* Informationen bekanntgemacht werden, die dem weltweiten „Cover-up" zu diesem Themenbereich entronnen sind. Es gab sicherlich UFO-Abstürze, welche vollständig geheim gehalten werden konnten. Andere Vorfälle wiederum werden wohl als Schwindel enttarnt werden. Es gibt aber auch Vorfälle, zu denen dermaßen viel Information vorliegt, dass sich ein solcher Zwischenfall keinesfalls mehr leugnen lässt. Machen Sie sich, lieber Leser, ein eigenes Bild. Sie werden im Laufe dieser Lektüre in die Welt der Geheimdienste, politischer Intrigen, Vertuschung und unglaublicher Informationen eintauchen.

Das Thema UFO-Abstürze ist das wohl interessanteste, aber vielleicht auch dunkelste Kapitel in der UFO-Forschung. Seit dem Vorfall von Roswell in New Mexico (USA) im Jahre 1947 ist die Öffentlichkeit bezüglich der Möglichkeit von Abstürzen unbekannter Flugobjekte sensibilisiert. Im Fall von Roswell gibt und gab es bis heute an die zweihundert direkte und indirekte Zeugen, die den Absturz eines außerirdischen Flugobjekts zu belegen scheinen. Die Vorgehensweise in diesem Fall - sowohl von Seiten der Regierenden, als auch der Militärs - war äußerst erfolgreich. Eine umfangreiche Vertuschungsaktion, sowie das lächerlich-machen von Zeugen und eine gute Erklärung für den Vorfall, beruhigte die Öffentlichkeit.

Erst Jahre später kam die Wahrheit über diesen Zwischenfall langsam an das Tageslicht. Ein ehemaliger Offizier des Militärgeheimdienstes brach sein Schweigen, nachdem er bereits viele Jahre aus dem Militärdienst ausgeschieden war. Dieser Mann, Jesse Marcel, brachte den Stein ins Rollen. Der UFO-Crash von Roswell ist bis heute der am besten dokumentierte Fall eines UFO-Absturzes in der Geschichtsschreibung.

Warum aber lautet der Untertitel des vorliegenden Buches „UFO-Abstürze: Das ultimative Trauma!"? Nun, zum einen ist es natürlich ein Trauma für die Insassen jener Objekte, aber auch für die Menschen der Bergungsteams. Für alle Teilnehmer einer UFO-Bergung bricht natürlich eine bis dahin relativ heile und geordnete Welt zusammen. Außerdem steht man unter Geheimhaltung und kann und darf über diese sehr grenzwertigen Erfahrungen mit niemanden sprechen. Aber auch für die Regierungen und religiösen Institutionen bedeutet es ein Trauma, denn nichts ist mehr so, wie vor einem solchen Zwischenfall.

Für die Informanten aus den Geheimdiensten und dem Militär ist es sehr gefährlich, und zumindest in einigen Fällen tödlich, diese Informationen an die Öffentlichkeit zu bringen. Dies habe ich selbst erleben dürfen, als ich zusammen mit Andreas von Rétyi und einer weiteren Person ein paar Tage im schönen North Yorkshire, England bei Sergeant Antony „Tony" Dodd verbrachte. Bei diesem Besuch ging es vor allem um einen Informationsaustausch zu zwei UFO-Absturz-Fällen in Südafrika. Bereits am zweiten Tag unseres Besuches mussten wir feststellen, dass wir definitiv beschattet wurden. Ein Land-Rover mit zwei jungen Männern verfolgte uns auf Schritt und Tritt. Die beiden waren etwa 30 Jahre alt und hatten militärisch kurz geschnittene Haarpracht. Wenn also am UFO-Thema nichts dran wäre, warum dann solche Aktionen? Tony Dodd hatte mit Drohungen und Warnungen aus der Welt der Geheimdienste schon erschreckend viele Erfahrungen gemacht. So hat ihn ein Informant aus dem Umfeld des englischen Auslandsgeheimdienstes schon einmal gewarnt: „Geh nicht nach Frankreich! Du wirst nicht mehr lebend herauskommen." Aber zu diesen Dingen später mehr. Diese Warnung an Dodd hatte direkt mit dem sogenannten Kalahari-Zwischenfall zu tun, der in diesem Buch unter Punkt III. ausführlich behandelt wird. Zu erwähnen sind auch die rabiaten Drohungen und Einschüchterungen von Zeugen durch das Militär im Roswell-Fall. Sheriff George Wilcox wurde von Militärs brutal gegen eine Wand gedrückt und bedroht. Man sagte zu seinen Kindern: *„Wenn Ihr irgendwas sagt, dann werdet Ihr in die Wüste gebracht und seht Eure Eltern nie wieder!"* Im Fall des Roswell-Crashs drohte man auch den örtlichen Radiosendern mit Entzug der Sendelizenz, wenn sie weiterhin über den Absturz berichten sollten.

Deswegen auch meine kleine „Warnung" oder besser gesagt, meine „Bitte" zu Beginn dieses Buches an die Leser: Die in diesem Buch zusammengetragenen Informationen sind zum Teil unter Einsatz des Lebens von Personen innerhalb des Militärs und der Geheimdienste verschiedener Länder überhaupt publik geworden. Aufgrund meiner Erfahrungen mit solchen Informanten, ist es nicht so, wie man es sich gerne - durch James Bond und ähnliche Filmhelden – vorstellt: Informanten aus der Geheimdienst-Society haben zum Teil große Angst – Todesangst! Bitte bedenken Sie dies immer, bevor Sie die eine oder andere Information in diesem Buch vorschnell verwerfen und vom Tisch wischen.

Dieses Buch widme ich allen Personen aus Geheimdienst und Militär, die – teilweise unter Einsatz Ihres Lebens und Ihres Ansehens („lächerlich machen“ oder „für verrückt erklären“ gehört auch zu den Methoden der Vertuscher) – dafür sorgen, dass doch einige wichtige Informationen zur UFO-Problematik ans Tageslicht kommen.

Oliver Gerschitz
(im August 2019)

UFO-Abstürze weltweit

Es gibt mittlerweile Hinweise und zum Teil auch Beweise für über einhundert mögliche UFO-Absturz-Fälle weltweit. Einige davon sind ziemlich fragwürdig, anderen fehlt es an zusätzlichen Zeugenberichten, aber andere wiederum kann man nicht einfach wegerklären. Hier nun eine kleine Auflistung der – meiner Meinung nach – interessantesten Fälle:

September 1864	Cadotte Pass, Missouri, USA
17. April 1897	Aurora, Texas, USA
30. Juni 1908	Tunguska, Sibirien, Russland
22. Dezember 1909	Chicago, Illinois, USA
1930	Mandurah, West Australien
1936	Schwarzwald, Deutschland
Sommer 1938	Czernica, Polen
9. Juli 1946	Barken-See, Schweden
18. Juli 1946	Mjosa-See, Schweden
Mai 1947	Spitzbergen, Norwegen
31. Mai 1947	Socorro, New Mexico, USA
2. Juli 1947	**Roswell, New Mexico, USA**
13. August 1947	Hopi-Reservat, Arizona, USA
1948	Kingman, Arizona,USA
25. März 1948	Aztec, New Mexico, USA
August 1948	Laredo, Texas, USA
10. Mai 1950	Bahia Blanca Provinz, Argentinien
10. September 1950	Albuquerque, Texas, USA
14. August 1952	Ely, Nevada, USA
20. Mai 1953	Kingman, Arizona, USA
10. Juli 1953	Johannesburg, Südafrika
5. Mai 1955	Brighton, UK
14. September 1957	Ubatuba, Brasilien

1961	Timmendorfer Strand, Deutschland
28. April 1961	Onega-See, Karelskaya, Russland
10. November 1964	Fort Riley, Kansas, USA
9. Dezember 1965	**Keckburg, Pennsylvania, USA**
18. Juli 1972	Wüste Sahara, Marokko
17. Mai 1974	Chili, New Mexico, USA
29. Januar 1986	Dalnegorsk – Höhe 611, Primorsky Krai, Russland
7. Mai 1989	**Kalahari-Wüste, Botswana/Südafrika (Abschuss!)**
10. August 1989	Prohladnyi, Russland (Abschuss!)
4. November 1989	Carp, Ontario, Kanada
2. September 1990	Megas Platanos, Griechenland
April 1992	Niagara Falls, New York, USA
November 1992	Long Island, New York, USA
17. August 1995	Salta, Argentinien
15. September 1995	**Lejone, Lesotho/Südafrika**
20. Januar 1996	Varginha, Brasilien
25. Januar 2000	Charata, Argentinien
14. Mai 2008	Needles, Kalifornien, USA

In dieser Auflistung habe ich vier Fälle hervorgehoben, welche ich in diesem Buch ausführlich behandeln werde: Roswell 1947, Kecksburg 1965, Kalahari 1989 und Lesotho 1995. Es sind die Fälle, welche für mich am stichhaltigsten sind. Außerdem habe ich zu den beiden letzten Fällen, dem „Kalahari-Zwischenfall" und dem „Lesotho-Fall" einige Informationen vorliegen, die noch nie veröffentlicht wurden. Der Grund dafür ist, dass der bekannte Wissenschaftsjournalist Andreas von Rétyi und ich hierzu ausgiebige Forschungen angestellt haben. Es ist nicht auszuschließen, dass Andreas dazu auch selbst noch etwas veröffentlichen wird. Besonders erwähnenswert ist sicherlich auch noch der Fall von Varginha in Brasilien vom 20. Januar 1996. Allerdings liegen mir hier keine Informationen vor, die über das schon Veröffentlichte hinausgehen.

Wie Sie sicherlich bemerkt haben, gab es seit Beginn des 21. Jahrhunderts kaum noch Meldungen zu angeblichen UFO-Abstürzen. Interessanterweise gibt es seit 2003 auch kaum mehr Meldungen über sogenannte UFO-Entführungen. Dies hat meiner Meinung nach mit einer zweiten nichtirdischen Macht zu tun, welche zum 12. August 2003 ein Ultimatum an eine uns nicht sehr wohlgesonnene außerirdische Gruppierung - den Planeten Erde betreffend – gestellt hat. Ich habe den entsprechenden Sachverhalt am Ende meines Buches „Verschlusssache Philadelphia-Experiment“ ausführlich geschildert und werde auch am Ende dieses Buches noch einmal darauf eingehen.

Lassen Sie uns jetzt mit dem Vorfall beginnen, der auch als „Die Mutter aller UFO-Crashs“ bezeichnet wird: Roswell!

I

ROSWELL – DIE „MUTTER" ALLER UFO-ABSTÜRZE

„Es war nicht von diesem Planeten"
(Major Jesse Marcel)

Über den UFO-Absturz bei Roswell wurden schon unzählige Bücher geschrieben, Fernseh-Dokumentationen erstellt und es gibt dazu unglaublich viele Informationen mit über zweihundert indirekten und direkten Zeugen. Man könnte den UFO-Absturz von Roswell auch als die „Mutter" aller Abstürze bezeichnen, da dort bereits so viel Information geflossen ist, so viele Informationen in die Öffentlichkeit gelangt sind, dass ein Abstreiten des realen Sachverhalts eigentlich nicht mehr möglich ist.

Es passierte 1947 und ist für viele noch heute ein großes Geheimnis. Es war im Sommer 1947 als sich die Welt noch vom Zweiten Weltkrieg erholte, aber einige Berichte von sogenannten „fliegenden Untertassen" in den Medien hochkochten. Zu dieser Zeit flog der Geschäftsmann Karl Arnold mit seinem Privatflugzeug am Mount Rainier im US-Bundesstaat Washington vorbei. Da bemerkte er plötzlich etwas sehr seltsames. Er sah eine Gruppe von neun silberglänzenden Scheiben, die wie fliegende Untertassen am Himmel glitten. Den Medien gefiel dieser Ausdruck „fliegende Untertassen" und so übernahmen sie ihn und berichteten im ganzen Land von Arnolds Sichtung. Sehr viele Leute - überall in den USA - sahen diese Untertassen auch und berichteten darüber. Unter anderem auch in New Mexico, wo sehr viele dieser Objekte gesichtet wurden. Natürlich hätte es sich auch um normal erklärbare Himmelserscheinungen handeln können, aber bis zu diesem Zeitpunkt konnte man sich keinen Reim darauf machen.

Es stellt sich allerdings die Frage, warum ausgerechnet in New Mexico sehr viele dieser Sichtungen gemacht wurden. Da in New Mexico ja die erste Atombombe getestet wurde und das erste Atombombengeschwader der Welt in Roswell stationiert war, hatte natürlich das US-Militär bezüglich der unbekannten Flugobjekte zuerst Spionageaktionen der Russen vermutet. Aber es gab auch andere Meinungen dazu. Möglicherweise handelte es sich um etwas, was nicht von dieser Welt stammt. Etwas völlig neues, von außen kommendes. Möglicherweise hatte man mit den ersten Atombomben-Tests da draußen jemanden aufgeschreckt oder jemanden darauf hingewiesen, dass hier etwas passiert. Die erste Atombombe wurde am 16. Juni 1945 in New Mexico zur Explosion gebracht. In der Nähe von Alamogordo. Das liegt etwa einhundert Meilen südwestlich von Roswell. Nach dem Krieg wurde das erste Atombomben-Geschwader - das 509. Geschwader - in Roswell stationiert. Sie hatten schon damals, nach Ende des Zweiten Weltkrieges, ständig fünfzehn Atombomben vor Ort und waren sofort einsatzbereit. Was aber kam am 2. Juli 1947 bei Roswell wirklich herunter?

Die Stadt Roswell befindet sich im Südosten des US-Bundesstaates New Mexico.

Ein seltsamer Fund

Die Wüste des Gebiets nordwestlich von Roswell, in dem die ersten Trümmerteile gefunden wurden, war der Arbeitsplatz des Farmers Mac Brazel. Am Morgen des 3. Juli 1947 fand er auf einem Teilgebiet seiner Ranch, auf einer Fläche von ca. einem Quadratkilometer, viele Trümmerstücke und zerschmetterte Gegenstände. Diese waren scheinbar von oben her auf den feuchten Sand gestürzt. Die Gegend war noch relativ nass, weil es in der Nacht zuvor ein großes, schweres Gewitter gab. Auch Mac Brazel hörte in dieser Nacht einen lauten Donnerschlag, der richtig unnatürlich klang, ebenso wie es die Leute im nächsten Dorf gehört haben. Nachdem er die Trümmerteile gefunden hatte, überlegte er, ob es nicht doch eine Explosion gewesen war - und kein Donnerschlag - die er da gehört hat. Er fand kleine Metallteile und folienartiges Material, alles war ganz leicht. Er fand Fasern und Drähte und es gab dünne, merkwürdig aussehende Stäbe mit seltsamen Zeichen. Diese Zeichen erinnerten ihn an Zeichen der indianischen Ureinwohner. Interessanterweise wollte seine Schafherde dieses Trümmerfeld nicht betreten und sie gingen um das Trümmerfeld herum. Brazel sammelte ein paar Teile auf und brachte sie zu seinen Nachbarn, den Proctors. Loretta Proctor äußerte sich später folgendermaßen dazu:

Der Farmer Mac Brazel fand am 3. Juli 1947 die ersten Trümmerteile des UFO-Absturzes bei Roswell. (Quelle: Lorraine Brazel-Ferguson)

„Er (Mac Brazel) beschrieb uns das Zeug, und wir sagten, er soll das in Roswell melden. Wir hatten von einem Finderlohn für diese UFOs gehört, wir nannten sie fliegende Untertassen."

Nach diesem Besuch am Abend bei den Proctors ritt Brazel nochmal zurück zum Trümmerfeld. Dabei brachte er ein ziemlich großes Trümmerstück in einem Stall unter. Zwei Tage lang unternahm Brazel dann nichts mehr. Er hütete nur seine Schafe. Das war am 4. und 5. Juli 1947. Am 6. Juli stand er aber dann früh auf und fuhr zum Sheriff nach Roswell. Er ging direkt zum Sheriff, der Name des Sheriffs war George Wilcox. Dieser schickte dann sofort zwei Mitarbeiter zur Ranch. Gleichzeitig informierte er das Bombergeschwader, das in Roswell stationiert war, über diesen Fund. Sofort danach war der Nachrichtenoffizier Major Jesse Marcel in Begleitung eines Spionageabwehr-Offiziers in Zivil bei Sheriff Wilcox. Jesse Marcel informierte sogleich per Telefon den Kommandanten des 509. Geschwaders, Colonel William Blanchard. Dieser ordnete dann sofort an, dass Marcel und der Spionageabwehr-Offizier unverzüglich zur Ranch hinausfahren sollen, um sich ein Bild von der Sache zu machen. Da die Straßen sehr schlecht waren, trafen die beiden erst in der Dunkelheit am Unglücksort ein. Die Mitarbeiter des Sheriffs waren zu der Zeit schon wieder weg, sie hatten kein Trümmerfeld gefunden. Allerdings berichteten sie von einem Kreis auf der Weide, in dem der Sand zu Glas geschmolzen sei. Hierzu sagte Phyllis McGuire die Tochter des Sheriffs von Roswell folgendes:

„Die Fläche war größer als ein Fußballfeld, riesig. Da war ein riesiger Kreis ausgebrannt worden.“

Mac Brazel, Major Jesse Marcel und der Geheimagent verbrachten die folgende Nacht auf der Ranch. Spät abends ging Major Marcel noch zum Stall und untersuchte ein Wrackteil, das relativ groß war und von Mac Brazel dort zwischengelagert wurde. Er machte an dem Wrackteil unter anderem Untersuchungen mit einem Geigerzähler, und stellte fest, dass es nicht radioaktiv war.

Am darauf folgenden Tag, es war der 7. Juli, sammelten sie gemeinsam so viele Wrackteile ein wie sie nur konnten, und verluden sie in das Fahrzeug von Jesse Marcel. Abends fuhren sie dann nach Roswell zurück.

Die zweite Absturzstelle

Die beiden Roswell-Untersucher Kevin Randle und Donald Schmitt, die die beiden Bücher „Der UFO-Absturz bei Roswell" und „Die Wahrheit über den Absturz bei Roswell" geschrieben haben, fanden bei Ihren Recherchen heraus, dass Colonel Blanchard und seine Mannschaft davon überzeugt waren, die Besatzung eines abgestürzten UFOs vielleicht sogar noch lebend bergen zu können. Am 8. Juli setze man den Farmer Mac Brazel in ein militärisches Aufklärungsflugzeug und flog mit ihm über die Farm. Ganz offensichtlich suchte man nach dem Rest des Flugobjektes, weil man davon ausging, dass es über das Trümmerfeld hinausflog und dann zerschellte. Nach den Recherchen von Randle und Schmitt, flog das UFO nach der Explosion noch ein paar Sekunden und legte dabei noch eine Strecke von etwa 3 Meilen zurück, wo es dann am Fuße einer Felsengruppe zerschellte.

Zufälligerweise erreichte eine Gruppe von Zivilisten aber als erste den Absturzort. Allerdings gibt es von diesem zweiten Absturzort, drei verschiedene Beschreibungen. Ein Ingenieur, ein Archäologe und ein Soldat bezeichnen sich als Augenzeugen dieses Absturzortes. Offensichtlich hat auch das Aufklärungsflugzeug mit Mac Brazel an Bord dieses zerstörte Objekt gefunden. Die Berichte der Zeugen klingen in etwa so:

„Ein rundes, zerstörtes Flugobjekt liegt am Felsen, daneben liegen kleine Körper, die menschenähnlich aussehen."

Nach den Beschreibungen waren diese Körper zwischen 1,30 Meter und 1,50 Meter groß. Sie waren sehr dünn und hatten übergroße Köpfe. Nach der Theorie von Randle und Schmitt hat sich folgendes ereignet:

Während des Gewitters wurde die Untertasse beschädigt und ging nach unten. Sie kam dabei in Kontakt mit dem Boden. Durch die starke Hitze des Antriebsaggregats wurde der Sand zu Glas geschmolzen. Noch in der Luft fliegt sie ein paar Kilometer bis sie dann am Felsen zerschellt. Die Besatzung ist verletzt und begibt sich außerhalb des Objekts, ist aber in dieser Umgebung rettungslos den Naturkräften ausgeliefert. Als am 8. Juli die ersten Soldaten diesen zweiten Absturzort erreichten, wurde klar, dass bereits andere Personen vor Ort gewesen waren. Auf dem Armeestützpunkt Roswell war natürlich ab diesem Zeitpunkt die Hölle los. Es kamen Anfragen von der Presse, was nun mit diesem abgestürzten Objekt sei, was jetzt wirklich passiert ist. Und das 509. Geschwader in Roswell gab eine offizielle Pressemitteilung heraus, wonach man eine fliegende Scheibe entdeckt hatte. Der erste Offizier der dortigen Informationsabteilung, Walter Haut, gab diese Pressemitteilung - nachdem er das mit Colonel Blanchard besprochen hatte - heraus. Kurz darauf wurde Walter Haut wegen der „übereifrigen“ Herausgabe der Pressemitteilung getadelt. Später sagte Walter Haut:

„Auch Colonel Blanchard kam später in die Kritik. Der einzige Grund dafür kann nur der sein, dass die ganze Geschichte und alle Informationen geheim gehalten werden sollten.“

Dass die Presseinformation zum Absturz allerdings eine geplante und abgekartete Sache war, werden wir später im Kapitel „Das Testament des Walter Haut“ noch sehen!

Am Dienstagmorgen, den 8. Juli, erstattete Jesse Marcel dem Kommandeur der 509. Bomberstaffel Colonel William Blanchard über die Ereignisse und den Informationen die er gefunden hatte, Bericht. Daraufhin beauftragte man den Chef der Militärpolizei, das Trümmerfeld zu umstellen und alle Straßen dorthin abzuriegeln. Nachdem wiederum Blanchard seinem Vorgesetzen in Fort Worth - wo das Hauptquartier der 8. Luftwaffe saß – kontaktierte, schickte das Pentagon sofort ein Spezialagenten-Team nach Roswell. Um ca. 11 Uhr vormittags gab Walter Haut seine entsprechende Pressemitteilung heraus und schickte Kopien an alle Zeitungen und Radiosender in Roswell und der Umgebung. Dieser Artikel wurde von Roswell aus dann in Minutenschnelle in die ganze Welt verbreitet. Das führte dazu, dass am 8. Juli jede Telefonleitung in Roswell besetzt war. Alles war dicht, nicht einmal Colonel Blanchard konnte mehr nach draußen telefonieren.

Um etwa 4 Uhr Nachmittags kehrte dann Mac Brazel zurück in die Stadt, nachdem er dem Militär geholfen hatte, die zweite Absturzstelle zu finden. Im ganzen Trubel verlor aber das Militär den Kontakt zu Brazel und man wusste nicht mehr, wo er sich aufhielt. Erst Walter Whitmore - der Radio-Sendeleiter im Ort (KGFL) fand ihn dann wieder. Hierzu gab später Jud Roberts an:

„Die Presse fand Mac Brazel und man war natürlich an weiteren Informationen interessiert. Später hat man dann behauptet, Mac Brazel wäre absichtlich versteckt gehalten worden. Aber wir haben ihm einfach nur einen ruhigen Ort angeboten, wo er den Fragereien etwas aus dem Weg gehen konnte."

Beim „Roswell Daily Record" - der Tageszeitung von Roswell - war natürlich auch sehr viel los. Es erreichten sie Anrufe aus Japan und Europa und man machte daraufhin mit folgender großen Schlagzeile auf: *„RAAF birgt fliegende Untertasse auf einer Ranch in der Region von Roswell".* Dabei bezog man sich vor allem auf die Pressemitteilung von Walter Haut. Allerdings weiß man heute, dass der Presse die tatsächlichen Fakten vorenthalten wurden.

Roswell Daily Record
RECORD PHONES
Business Office 2288
News Department 2287
Usual
Claims Army Is Stacking Courts Martial
Indiana Senator Lays Protest Before Patterson
RAAF Captures Flying Sauce
On Ranch in Roswell Region
House Passes Tax Slash by Large Margin
Defeat Amendment By Demos to Remove Many From Rolls
Security Council Paves Way to Talks On Arms Reductions
No Details of Flying Disk Are Revealed
Roswell Hardware Man and Wife Report Disk Seen
Ex-King Carol Weds Mme. Lupescu
Soviet Satellites tend Paris Meeting
Miners and Operators Sign

Die mittlerweile berühmte Zeitungsmeldung des „Roswell Daily Record": RAAF Captures Flying Saucer On Ranch in Roswell Region.
(Quelle: Berlitz/Moore)

Armeeoffiziere fanden später Mac Brazel und setzen ihn unter Hausarrest. Nach einer stundenlangen Befragung beim Militär und einer ausgiebigen Untersuchung wurde er dann wieder freigelassen. Am 9. Juli erhielten aber dann die Reporter die ihn befragt hatten, einen Anruf aus Washington, der ihnen untersagte, das Interview mit Mac Brazel zu veröffentlichen. Zitat Jud Roberts:

„Uns wurde nahegelegt, dass, wenn wir unsere Lizenz behalten wollen, wir das Interview nicht senden sollen. Innerhalb von 24 Stunden wären wir sonst draußen aus dem Radiogeschäft."

Daraufhin untersuchte die Armee alle Radiostationen und Zeitungen Roswells. Dort zog man alle Kopien der Presseerklärung von Walter Haut ein. Da erschien Mac Brazel in Begleitung von zwei Offizieren wieder beim Radiosender und tischte denen eine neue Geschichte auf. Eine Geschichte, die sich allerdings total von der unterschied, die er den Reportern vorher erzählt hatte.

Am Morgen des 8. Juli 1947 kam eine Gruppe von Archäologen in das Gebiet von Roswell, um Untersuchungen oder Forschungen zur alten indianischen Kultur in New Mexico zu machen. Auch diese Gruppe traf offensichtlich in der Wüste auf dieses abgestürzte Objekt und man beschrieb es als ein Flugobjekt, das offensichtlich nicht von dieser Welt war. Und man sah dort Wesen, die auch nicht von der Erde zu stammen schienen. Ebenso zufällig war - bevor das Militär zu dieser zweiten Absturzstelle kam - bereits ein Bewässerungsingenieur an der Absturzstelle. Er hieß Grady Barnett. Später erzählte Grady Barnett seinem Freund Vern Maltais von dem, was er gesehen hat und beschrieb die Leichen wie folgt:

„Er sagte: Ich kenne ein Geheimnis! Und er sprach von dem Objekt am Boden, das wie eine fliegende Untertasse aussah, aber nicht aufgebrochen war. Er sprang aus seinem Lieferwagen und ging dort hinunter und da lagen vier Geschöpfe auf dem Boden. Sie trugen so eine Art silbernen Anzug. Und Sie waren nur 1,30 Meter oder 1,50 Meter groß. Und ihre silbernen Anzüge saßen sehr eng. Sie waren bis auf Kopf und Hände total bekleidet. Die Köpfe waren kahl und etwas birnenförmig."

Kurz nach Barnett kam auch das Archäologen-Team an die Absturzstelle, welches auch nachschauen wollte. Dann kam das Militär und riegelte das Gebiet ab. Sie riefen alle Archäologen und Barnett zu sich und schärften ihnen ein, dass sie niemandem sagen dürften, was sie gesehen hatten und alles einfach vergessen müssten. Danach soll das Militär blitzschnell die Führung übernommen haben und deckte die Leichen zu. Die Studenten, Archäologen und der Ingenieur wurden zur Seite gedrängt, sie mussten dabei wegschauen. Denn es handelte sich um eine Nationale Geheimsache über die niemand sprechen darf. Die Soldaten haben die Gruppe dann weggeführt. Barnett starb 1969. Leider verloren sich die Spuren der Archäologen und Studenten sehr schnell. Es gibt Hinweise darauf, dass sie von einer großen Universität aus dem Nordosten der USA kamen. Hierzu ist interessant, dass 1975 eine krebskranke Frau einer Krankenschwester im St.

Petersburg-Gemeindehospital in Florida ein Geständnis machte. Die Krankenschwester gab später folgendes zu Protokoll:

„Als ich Schwester auf der Totkrankenstation war, gab es eine bestimmte Patientin. Und als ich sie dann einmal baden wollte, war sie ganz aufgeregt. Mehr als sonst, und sie verhielt sich merkwürdig. Sie fragte mich, ob ich die Vorhänge zuziehen könnte. Und sie wollte wissen, ob noch jemand anderer im Zimmer sei. Ich sagte Nein. Sie rief irgendeinen Namen aus und dann sagte sie, es gäbe etwas, dass sie unbedingt jemandem sagen müsse. Etwas, dass sie lange Zeit zurückgehalten hätte. Vor vielen Jahren sei sie mit vielen Leuten auf einer Bergtour gewesen. Sie sollte eigentlich gar nicht dabei sein. Sie sagte auch: Wäre ich doch gar nicht da gewesen. Sie liefen dort herum und gelangten an einen Hügel, überquerten ihn und sahen dann ein riesiges glänzendes Objekt. Es sei sehr groß gewesen und sie gingen runter um es näher zu betrachten. Als sie dort ankamen, lag dort dieses riesige runde Objekt auf dem Boden. Und so eine Art Plane daneben. Und dann ist einer der Männer von der Expedition hinüber gegangen und er hat die Plane weggezogen. Darunter seien kleine Menschen gelegen. Es seien unglaublich kleine Menschen mit riesigen Köpfen und großen Augen gewesen und hätten so ein glänzendes Material angehabt. Ich kann mich nicht mehr an die Farbe erinnern. Ich glaube, sie sagte irgendetwas von blau, aber das weiß ich nicht mehr genau. Sie sagte, es sei glänzend, fast fließend gewesen. Und dann wurde sie ganz aufgeregt und sagte, sie dürfe das niemandem erzählen. Und dabei sah sie sich nervös im Zimmer um. Sie sagte, sie können Dich immer finden. Und ich fragte: Wer? Die Regierung kann Dich immer finden, sagte sie.“

Jesse Marcel und das große „Cover-up"

Die Gerüchte verbreiteten sich zwei Tage nach dem Mac Brazel in Roswell aufgetaucht war wie ein Lauffeuer im Ort. Die Leute dachten, das Pentagon dreht jetzt völlig durch. General Roger Ramey wurde zum Presseagenten des Militärs gemacht, aber die Öffentlichkeit wurde gezielt mit falschen Informationen gefüttert. Ramey war Kommandeur des 8. Luftwaffenbataillons in Fort Worth, Texas. Dieses Bataillon war der 509. Staffel in Roswell vorgesetzt. Schon bevor die Militärs in Roswell mit der Bergung der Wrackteile begannen, hatte das Pentagon das 8. Bataillon in Fort Worth an der Strippe. Ein Spezialteam von Nachrichtenagenten flog am 8. Juli von Washington zum Roswell Armeeflughafen. Der General und das Pentagon hatten sofort eine Nachrichtensperre verhängt. Unter einem Vorwand befahl General Ramey, dass Colonel Blanchard von der Roswell Air-Force-Base den Nachrichtendienstler Jesse Marcel nach Fort Worth fliegen lassen soll. Jesse Marcel packte ein paar Wrackteile in eine Kiste und nahm diese mit nach Fort Worth. Dort legte er die Teile auf einen Tisch und ging mit dem General in den Nebenraum. Plötzlich war die Kiste verschwunden, als die beiden in den Raum zurückkamen. An deren Stelle lag da plötzlich ein kaputter Wetterballon. Als nächstes rief General Ramey die wartenden Reporter herein. Er teilte mit, dass Major Marcel Blödsinn erzählt hatte. Es handelte sich bei den Trümmerteilen nur um einen abgestürzten Wetterballon. Mit den nun „neuen" Teilen musste sich dann

General Roger M. Ramey
(Quelle: National Archives)

Jesse Marcel von der versammelten Presse fotografieren lassen. Allerdings weiß man heute, dass der General einige der echten Wrackteile schon am frühen Vormittag bekommen hatte. Ganz klar, die Sache wurde verschleiert. Das Pentagon beschwichtigte die ganze Angelegenheit.

Major Jesse Marcel schien ziemlich überrascht, als er der Presse Teile eines Wetterballons zeigen musste. (Quelle: Archiv Jesse Marcel)

Dr. Jesse Marcel jun., der Sohn von Major Jesse Marcel, der leider auch schon verstorben ist, konnte aber sehr genau erklären und bezeugen, wie die Wrackteile wirklich ausgesehen haben. Der junge Jesse Marcel jun. war elf Jahre alt, als sein Vater - nachdem er auf dem Trümmerfeld war - mit einer Ladung seltsamer Teile zuhause ankam. Um 2 Uhr früh wurde Marcel Junior von seinem Vater geweckt. Dieser zeigte ihm, dem jungen Jesse und dessen Mutter, diese gefundenen Sachen. Zitat Jesse Marcel jun.:

„Was diese Dinge so ungewöhnlich für mich machten, waren die Zeichen auf den Wrackteilen. Auf dem Doppel-T-Träger gab es so eine Art Schrift. Damals dachte ich an Hieroglyphen, aber es waren keine Hieroglyphen. Es waren eher geometrische Formen und Symbole auf der Innenfläche des Doppel-T-Trägers. Sie

waren von einer Purpurfarbe und schienen in das Metall eingeritzt worden zu sein. Ich glaube, das war das einzige, was diese Teile von gewöhnlichen Trümmern unterschied. Ich weiß aber, dass es kein Wetterballon oder ein Radargerät war, wie von der Air Force behauptet wurde. Denn schon als Junge hatte ich eine Ahnung wie Wetterballons oder Radargeräte aussahen. Die kannte ich. Als sie dann diese ungewöhnlichen Trümmer als Titelgeschichte aufmachten, wusste ich, sie sind etwas ganz Ungewöhnliches. Und so kam ich zur Überzeugung, dass sie nicht von dieser Welt waren."

Als General Roger Ramey der Öffentlichkeit die Wetterballongeschichte auftischte, war man an der Absturzstelle noch immer am bergen. Es ist schon interessant: Straßensperren und Maschinengewehre, ca. sechzig Männer mit Lastautos - und das alles, nur um einen Wetterballon zu bergen? Normalerweise wurden Wetterballons von Zivilisten geborgen, denn sie passten in jeden Kofferraum eines normalen Pkw. Außerdem befinden sich natürlich in Wetterballons keine Passagiere! Auch keine kleinen Passagiere, so wie man sie am zweiten Absturzort gefunden hat.

Es gab in Roswell ja auch Gerüchte, dass es möglicherweise auch einen noch lebenden Außerirdischen gab. Dazu machte Jack Rodin eine interessante Aussage. Jack Rodin wohnte schon immer in Roswell. Sein Vater hatte 1947 die ganze Roswell-Geschichte verfolgt. Sein Vater war Profi-Fotograf. Jack Rodin gab zu Protokoll:

„Ein oder zwei Tage, nachdem es hieß, es sei ein Wetterballon, fragte ich meinen Vater, wie es denn wirklich gewesen ist. Er sagte nur: Sie haben es getötet! Er konnte mit wenigen Worten eine Menge sagen. Und das sogar noch mehrdeutig. Ich frag-

te ihn dann, was das bedeuten solle. Sie töteten die Geschichte oder jemanden oder was? Er ließ sich nicht ablenken und sagte nur wieder: Sie töteten es! Mehr konnte ich nicht aus ihm herausbringen. Das habe ich nie vergessen."

Glenn Dennis

Glenn Dennis, der als Leichenbestatter in Roswell arbeitete.
(Quelle: UFO MAGAZINE)

Im Jahr 1989 meldete sich plötzlich ein Mann namens Glenn Dennis - nachdem er sich eine TV-Dokumentation zu den Vorfällen von Roswell 1947 ansah - über eine Hotline bei UFO-Forschern in den USA. Dennis erklärte, er habe zur betreffenden Zeit eine Anfrage von der Roswell-Militärbasis nach hermetisch verschließbaren Kindersärgen erhalten. Außerdem habe ihm eine befreundete Krankenschwester der Basis ausführlich von der Obduktion und dem Aussehen der bei dem Absturz entdeckten und geborgenen Leichen berichtet.

Damals erhielt er als Leichenbestatter am frühen Nachmittag einen Anruf von der Luftwaffenbasis, bei der er auch als Fahrer des Notarztwagens unter Vertrag stand. Man fragte ihn, wie groß die kleinsten hermetisch verschließbaren Särge seien, die er auf Lager habe, und wie viele er davon liefern könne. Eine halbe Stunde später klingelte das Telefon noch einmal. Ein Luftwaffen-Offizier wollte wissen, was mit einer Leiche passieren würde, die einige Stunden in der Wüste gelegen hat - ob sich bei der Leiche Gewebe und Blut verändern würde. Außerdem wollte der Anrufer Informationen darüber, wie man einen Körper mit einem Minimum an chemischen Veränderungen konservieren kann. Glenn Dennis wurde neugierig und bot seine Hilfe an. Aber der Offizier beschwichtigte und meinte, er frage nur für den Fall, dass einmal diese Informationen gebraucht würden.

Am Abend des gleichen Tages brachte er einen Piloten, der sich in Roswell bei einem Motorradunfall verletzt hatte, zur Krankenstation in der Luftwaffenbasis. Die Wachen winkten den Notarztwagen ohne besondere Kontrolle durch, da Glenn Dennis auf der Basis kein Unbekannter war. Dem Leichenbestatter fiel auf, dass auf der Basis ungewöhnlich viel los war. Fremdes Militärpersonal lief herum, und viele Lastwagen und einige militärische Ambulanzfahrzeuge befanden sich auf dem Gelände. Als er an einem Lieferwagen vorbei kam, dessen Ladetüren offen standen, sah er seltsame Wrackteile im Inneren des Fahrzeugs. Er lieferte den verletzten Soldaten in der Krankenstation ab, und traf dort auf eine ihm gut bekannte Krankenschwester. Diese machte einen etwas verstörten Eindruck, und wollte ihn sofort wieder wegschicken. In diesem Moment wurde ein anwesender Wachsoldat auf Dennis aufmerksam und stellte ihn fluchend zur Rede. Er verwies ihn nach draußen und befahl ihm „seinen Mund zu halten", sonst „werde man seine Knochen bald in der Wüste ausgraben". Na, wenn das mal keine Drohung ist. Danach brachten ihn zwei herbeigerufene Militärpolizisten nach draußen und eskortierten ihn, bis er zurück bei seinem Haus war. Dennis behauptete, dass er später noch einmal telefonisch ausdrücklich gewarnt worden sei, unbedingt den Mund zu halten.

Glenn Dennis traf sich am nächsten Tag privat mit dieser Krankenschwester - und sie erzählte ihm, was sich im Hospital ereignet hatte. Sie war ein sehr religiöser Mensch und jetzt völlig fassungslos. Sie stand offensichtlich kurz vor einem Nervenzusammenbruch. Glenn Dennis erzählte sie, wie sie aufgefordert worden war, zwei Ärzten zu helfen, die mit der Autopsie einiger kleiner, nicht menschlicher Körper beschäftigt waren. Sie erwähnte den furchtbaren Geruch. Sie sagte, dass ein Körper in gutem Zustand war und andere sehr entstellt aussahen. Dabei erklärte sie dem Leichenbestatter die Unterschiede zwischen der Anatomie der Wesen und unserer Anatomie. Außerdem zeichnete Sie das Aussehen bzw. die Beschaffenheit verschiedener Körperteile der Wesen auf eine Serviette, damit Glenn Dennis sich ein genaueres Bild machen konnte. Sofort danach vernichtete sie ihre Zeichnung, aus Angst „erwischt" zu werden. Später rekonstruierte der Leichenbestatter diese Zeichnung nach seinen Erinnerungen. Besonders auffällig war dabei, dass diese Wesen lange Arme mit nur vier Fingern an jeder Hand hatten. Die Hände hatten keine Daumen, aber an den anderen Fingern waren am Ende kleine Saugnäpfe sichtbar. Außerdem hatten diese kleinen Wesen große Köpfe mit großen, schwarzen Augen. Dieses Treffen war zugleich auch ihr letztes – die Krankenschwester wurde ein paar Tage später nach England versetzt. Dort soll sie angeblich bei einem Flugzeugabsturz ums Leben gekommen sein.

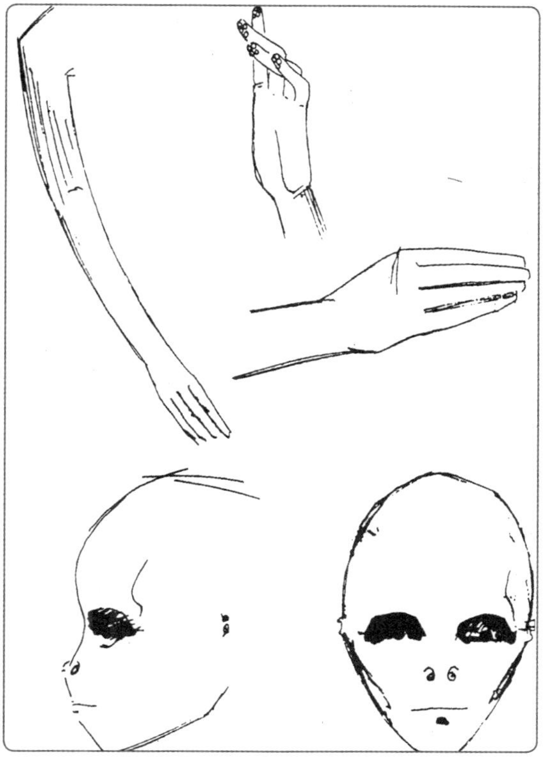

So rekonstruierte Glenn Dennis die Zeichnung der Krankenschwester, die bei der Obduktion der Roswell-Leichen zugegen war. (Quelle: Glenn Dennis)

Die Roswell-Untersucher bemühten sich später, den Namen der Krankenschwester ausfindig zu machen. Fünf Schwestern werden im Roswell Army Air Field-Jahrbuch von 1947 erwähnt. Seltsamerweise fehlen die Personaldaten von allen fünf Krankenschwestern in den militärischen Aufzeichnungen. Glenn Dennis hat sich später durch die Aussage, er habe den Namen der Krankenschwester erfunden, um sie zu schützen, natürlich selbst etwas in Bedrängnis gebracht. Er wurde später von einigen sogenannten „UFO-Aufklärern" stark in seiner Glaubwürdigkeit angegriffen. Allerdings basierten die Behauptungen gegen ihn auf keinen neuen Fakten. Die beiden Roswell-Forscher Thomas Carey und Donald Schmitt schrieben jedoch im Jahr 2007, dass sie von anderen Orts- und Zeitzeugen erfahren haben, dass Glenn Dennis von dem fraglichen Telefonanruf, in welchem sich die Luftwaffenbasis nach Kindersärgen erkundigt hatte, schon kurz nach den ursprünglichen Vorfällen - und damit viele Jahre bevor Roswell wieder ins Licht des öffentlichen Interesses rückte - berichtet und erzählt habe. Dies rehabilitierte die Aussagen von Glenn Dennis natürlich sehr.

Am 7. August 1991 gab Glenn Dennis eine eidesstattliche Erklärung ab, die seine Aussagen zum Roswell-Fall festhielt. Hier der genaue Wortlaut seiner eidesstattlichen Versicherung:

(1) Mein Name ist Glenn Dennis

(2) Meine Adresse lautet: XXXXXXXXXX

(3) Ich bin () angestellt als: ________________() in den Ruhestand versetzt,

(4) Im Juli 1947 war ich Leichenbestatter und arbeitete für das Bestattungsunternehmen Ballard in Roswell, das einen

Vertrag hatte, Leichenbestattungsdienste für das Roswell Army Air Field zu erbringen. Eines Nachmittags - um 1:15 Uhr oder 1:30 Uhr - erhielt ich einen Anruf vom Leichenbestatter, der fragte, was der kleinste hermetisch versiegelte Sarg sei, den wir auf Lager hätten. Er sagte: „Wir müssen das wissen, falls zukünftig etwas passiert." Er fragte, wie lange es dauern würde, bis ich einen bekommen würde, und ich versicherte ihm, dass ich am nächsten Tag einen für ihn bekommen könnte. Er sagte, er würde zurückrufen, wenn sie einen bräuchten.

(5) Ungefähr 45 Minuten bis eine Stunde später, rief er zurück und bat mich, zu beschreiben, wie man Leichen präpariert, die eine Zeit lang in der Wüste gelegen hatten. Bevor ich antworten konnte, sagte er, er wollte speziell wissen, welche Auswirkungen die Präparationsverfahren auf die chemischen Verbindungen, das Blut und das Gewebe des Körpers haben würden. Ich erklärte, dass unsere Chemikalien hauptsächlich starke Lösungen von Formaldehyd und Wasser waren, und dass dieses Verfahren wahrscheinlich die chemische Zusammensetzung des Körpers ändern würde. Ich bot an, zur Basis zu kommen, um ihm bei Problemen zu helfen. Er bekräftigte jedoch, dass die Informationen für die Zukunft bestimmt seien. Ich schlug vor, dass ich in einer solchen Situation versuchen würde, den Körper für Lagerung und Transport in Trockeneis einzufrieren.

(6) Ungefähr eine Stunde - oder eine Stunde und 15 Minuten – später, wurde ich angerufen, um einen Soldaten zu transportieren, der einen Schnitt am Kopf und möglicherweise eine gebrochene Nase hatte. Ich gab ihm erste Hilfe und fuhr ihn raus zur Basis. Ich bin gegen 17:00 Uhr dort angekommen.

(7) Obwohl ich Zivilist war, hatte ich normalerweise freien Zugang zur Basis, weil sie mich kannten. Ich fuhr den Krankenwagen zum hinteren Teil der Basis und parkte ihn neben einem anderen Krankenwagen. Dessen Tür stand offen und innen sah ich einige Trümmer. Es gab mehrere Stücke, die wie der Boden eines Kanus aussahen und etwa einen Meter lang waren. Es ähnelte Edelstahl mit einem violetten Farbton, als wäre er hohen Temperaturen ausgesetzt worden. Auf dem Material befand sich eine seltsam aussehende Schrift, die ägyptischen Hieroglyphen ähnelte. Es waren auch zwei Militärpolizisten anwesend.

(8) Ich brachte den Soldaten hinein und ging in den Personal-Aufenthaltsraum, um eine Cola zu trinken. Ich hatte vor, eine Krankenschwester zu suchen, einen 2. Leutnant, die erst ungefähr drei Monate zuvor direkt aus dem College kam. Sie war damals 23 Jahre alt (ich war 22). Ich sah sie mit einem Tuch über dem Mund aus einem der Untersuchungsräume kommen. Sie sagte: „Meine Güte, verschwinde, oder Du bist in großen Schwierigkeiten." Sie ging in eine andere Tür, bei der ein Captain stand. Er fragte mich, wer ich sei und was ich hier tue. Ich sagte es ihm, und er wies mich an, dort stehen zu bleiben. Ich sagte: „Es sieht so aus, als hättet ihr einen Absturz. Möchten Sie, dass ich mich fertig mache?" Er forderte mich auf, genau dort stehen zu bleiben. Dann kamen zwei Militärpolizisten und eskortierten mich aus der Krankenstation. Sie sagten, sie hätten den Befehl, mir bis zum Bestattungsunternehmen zu folgen.

(9) Nach ungefähr 10 oder 15 Schritten hörte ich eine Stimme sagen: „Wir sind mit diesem Hurensohn noch nicht fertig. Bring ihn zurück." Es war ein anderer Captain, ein Rotschopf mit den gemeinsten Augen, die ich je gesehen hatte, der sagte: „Du hast nichts gesehen. Es gab hier keinen Absturz, und wenn Du

etwas sagst, könntest Du in große Schwierigkeiten geraten." Ich sagte: „Hey, schau mal, Mister, ich bin ein Zivilist und Du kannst mir überhaupt nichts anhaben." Er sagte: „Ja, wir können - jemand wird Deine Knochen aus dem Sand holen." Da war auch noch ein schwarzer Sergeant mit einem Block in der Hand, der sagte: „Er wäre gutes Hundefutter für unsere Hunde." Der Captain sagte: „Bringt den Hurensohn raus." Die Militärpolizisten folgten mir nach, bis zum Beerdigungsinstitut.

(10) Am nächsten Tag versuchte ich die Krankenschwester anzurufen, um zu sehen, was los war. Gegen 11:00 Uhr rief sie das Beerdigungsinstitut an und sagte: „Ich muss mit Dir reden." Wir vereinbarten, uns im Offiziersclub zu treffen. Sie war sehr verärgert. Sie sagte: „Bevor ich mit Dir rede, musst Du mir einen heiligen Eid schwören, dass Du meinen Namen niemals erwähnen wirst, weil ich in große Schwierigkeiten geraten könnte." Ich habe zugestimmt.

(11) Sie sagte, sie sei gegangen, um medizinisches Material in einem Raum zu holen, in welchem gerade zwei Ärzte eine vorläufige Autopsie durchführten. Die Ärzte sagten, sie müsse sich während des Eingriffs Notizen machen. Sie sagte, sie hatte noch nie in ihrem Leben so etwas Schreckliches gerochen, und der Anblick war das grausamste, das sie je gesehen hatte. Sie sagte: „Das war etwas, das noch niemand vorher gesehen hat." Während sie sprach, fürchtete ich, dass sie einen Schock erleiden könnte.

(12) Sie zeichnete mir eine Skizze der Körper, einschließlich eines Armes mit einer Hand, die nur vier Finger hatte. Die Ärzte stellten fest, dass sich am Ende der Finger kleine Saugnäpfe befanden. Sie sagte, der Kopf ist unverhältnismäßig groß für

den Körper; die Augen waren tief gesetzt; die Schädel waren flexibel; die Nase war konkav mit nur zwei Öffnungen. Der Mund war nur ein feiner Schlitz und die Ärzte sagten, es sei schwerer Knorpel statt Zähne im Mund. Die Ohren waren nur kleine Öffnungen mit Klappen. Sie hatten keine Haare und die Haut war schwarz - möglicherweise aufgrund von Sonneneinstrahlung. Sie gab mir die Zeichnungen.

(13) Es gab drei Körper; zwei waren sehr verstümmelt und zerstückelt, als ob sie von Raubtieren zerfetzt worden wären; einer war ziemlich intakt. Sie waren dreieinhalb bis vier Fuß groß. Sie erzählte mir, dass die Ärzte sagten: „Dies ist nichts, was wir jemals zuvor gesehen haben; es gibt in den medizinischen Lehrbüchern nichts, wie das hier." Sie sagte, sie und die Ärzte seien krank geworden. Sie mussten die Klimaanlage ausschalten und fürchteten, dass der Geruch durch das Krankenhaus gehen würde. Sie mussten die Operation in einer Flugzeughalle weiterführen.

(14) Ich fuhr sie zurück in die Offiziers-Unterkünfte. Am nächsten Tag rief ich im Krankenhaus an, um zu sehen, wie es ihr ging, und sie sagten, sie sei nicht verfügbar. Ich habe dann einige Tage versucht, sie zu erreichen, und kam schließlich an eine der Krankenschwestern. Sie sagte, der „Leutnant" sei zusammen mit anderem Personal versetzt worden. Etwa zehn Tage bis zwei Wochen später erhielt ich einen Brief mit einer APO-Nummer von ihr. Sie deutete an, dass wir zukünftig den Zwischenfall auf dem Briefwege besprechen könnten. Ich schrieb ihr zurück und ungefähr zwei Wochen später kam der Brief mit der Aufschrift „Zurück an den Absender - VERSTORBEN" zurück. Später sagte mir eine der Krankenschwestern auf der Basis, es gebe Gerüchte, dass sie und fünf andere Kran-

kenschwestern bei einer Übung waren, und dabei bei einem Flugzeugabsturz ums Leben kamen.

(15) Sheriff George Wilcox und mein Vater waren sehr enge Freunde. Der Sheriff ging am Morgen nach den Ereignissen in der Basis zum Haus meiner Eltern und sagte zu meinem Vater: „Ich weiß nicht, in welchen Schwierigkeiten Glenn steckt, aber sag Deinem Sohn, dass er nichts weiß und nichts in der Basis gesehen hat." Er fügte hinzu: „Sie wollen den Namen von Dir und Deiner Frau, und sie wollen Deine Adresse und die Adressen Eurer Kinder." Mein Vater fuhr sofort zum Bestattungsunternehmen und fragte mich, in welchen Schwierigkeiten ich stecke. Er erzählte mir über das Gespräch mit Sheriff Wilcox, und ich erzählte ihm von den Ereignissen des vorherigen Tages. Er ist die einzige Person, der ich diese Geschichte bis vor kurzem erzählt hatte.

(16) Ich hatte die Skizzen abgeheftet, die mir die Krankenschwester an diesem Tag gegeben hatte. Kürzlich habe ich auf Ersuchen eines Forschers versucht, meine persönlichen Akten im Bestattungsinstitut ausfindig zu machen, aber sie waren alle vernichtet worden.

(17) Für diese Aussage wurde mir weder etwas bezahlt noch habe ich etwas Wertvolles dafür bekommen. Dies entspricht nach bestem Wissen und Gewissen der Wahrheit.

Unterzeichnet: Glenn Dennis *Datum: 7. August 1991*

Soweit die eidesstattliche Versicherung von Glenn Dennis aus dem Jahr 1991. Glenn Dennis verstarb am 28. April 2015 im Alter von 90 Jahren nach längerer Krankheit.

Colonel Corso und „Der Tag nach Roswell“

Im Jahr 1997 schlug ein Buch in der UFO-Szene ein wie eine Bombe. Der Titel des Buches ist „Der Tag nach Roswell“ und wurde von einem Colonel Philip J. Corso zusammen mit einem William J. Birnes geschrieben. Der Untertitel dieses Buches ist: „Der Beweis – die UFOs kamen wirklich“. In dem Buch beschreibt der Autor - Colonel Corso -, dass es tatsächlich wahr ist, dass im Juli 1947 in der Nähe von Roswell in New Mexico ein außerirdisches Raumschiff mit fremden Lebewesen an Bord abstürzte. Er, Colonel Corso, der früher im Pentagon gearbeitet hat, wollte mit diesem Buch einen Schlussstrich unter die zahllosen Spekulationen um die bis in die Gegenwart strengstens geheim gehaltenen Vorgänge in Roswell ziehen. In diesem aufsehenerregenden Buch beschreibt er seine eigenen Aufgaben im Rahmen des Projekts von Roswell. Als Waffentechnologie-Spezialist wurde er 1961 in das sorgsam gehütete Geheimnis um das abgestürzte UFO von Roswell eingeweiht, und damit beauftragt, diese fortgeschrittene Technik - die dem Pentagon unter diesen schockierenden Umständen in den Schoß gefallen war - für militärische und zivile Zwecke nutzbar zu machen.

Das Cover der deutschen Ausgabe des Roswell-Buchs von Col. Corso. (Quelle: Goldmann-Verlag)

Auf sehr subtile Weise erhielten so Firmen wie IBM, Hughes Aircraft oder die Bell Labs Informationen zu „Neuentwicklungen“

der Militärischen Forschung. Und so begann außerirdische Technologie nicht nur die Zukunft Amerikas, sondern der ganzen Welt zu verändern - so Colonel Corso. Nach eigenen Aussagen führte Corso in den 60er Jahren ein Doppelleben. In dieser Zeit leitete er als Oberstleutnant im Pentagon das „Foreign Technology Desk“, das ist die Abteilung für Ausländische Technologie im „Army Research & Development“. Bei seiner technischen Arbeit musste er Waffensysteme für die Armee erforschen und einschätzen. Er untersuchte die Helikopterbewaffnung, die von der französischen Armee entwickelt worden war - oder auch die taktischen Stationierungskomplikationen von Antiraketen-Raketen. Die Entwicklung neuer Technologien zur Herstellung und Haltbarmachung von Mahlzeiten für die Truppen gehörten ebenfalls zum Aufgabenbereich von Colonel Corso. Er las zahlreiche Technologieberichte und traf sich mit Ingenieuren auf Übungsplätzen der Armee wegen verschiedener fortgeschrittener Waffensysteme. Sein Chef war Generalleutnant Arthur Trudeau, der Direktor der „Army R&D“ und Manager einer etwa dreitausend Leute umfassenden Abteilung mit vielen Projekten in den verschiedensten Entwicklungsstadien. Ein anderer Teil seiner Arbeit war allerdings die Tätigkeit als Geheimdienstoffizier und eben Berater von General Trudeau. Für diese Geheimdiensttätigkeit war er ausgebildet und war diesbezüglich auch im Einsatz im Zweiten Weltkrieg und in Korea.

Im Pentagon arbeitete er dann in einigen der geheimsten Bereiche des militärischen Geheimdienstes. Aber hinter all dem was er tat, gab es im Zentrum seines Doppellebens ein geheimes Dokumentenkabinett, das er aufgrund seiner geheimdienstlichen Stellung geerbt hatte. Diese Dokumente enthielten das aufregendste und am schwersten bewachte Geheimnis der Armee zu dieser Zeit: die Akte Roswell. Dieses Dossier beinhaltete die Überreste und Informationen, die ein Armeesuchtrupp des 509. Geschwaders aus den Trümmern einer fliegenden Untertasse geborgen hatte. Diese Akte war das Vermächtnis aus den Stunden und Tagen nach dem Absturz, als die offizielle Vertuschung durch die Regierung und das Militär begonnen hatte. Corso selbst befand sich 1947 nicht in Roswell. In einem Interview nach Erscheinen des Buches sagte Colonel Corso:

Colonel Corso während seiner Dienstzeit im Pentagon. (Quelle: Philip Corso)

„Ich war 1947 nicht in Roswell. Ich kehrte erst kurz nach dem Roswell-Crash aus Italien zurück. Dort war ich Leiter der „Security-Intelligence" in Rom. Zusätzlich wurde ich dort auch noch von den Briten in bestimmten Geheimdiensttechniken ausgebildet. Als ich dann aus Italien zurückkam, wurde ich in Fort Riley, in Kansas, stationiert. Dort gab es unter anderem die letzten Kavalleriepferde und deshalb auch eine eigene Veterinärabteilung. Ich war dort der leitende Ausbilder für das Sicherheitswesen. Eines Nachts war ich als Offizier vom Dienst eingeteilt, das heißt, ich musste die kompletten Wachen und Sicherheitsbereiche kontrollieren. Und zwar auf dem gesamten Stützpunkt. Diesbezüglich schaute ich natürlich auch in der besagten Veterinärabteilung vorbei und sprach dort mit einem Sergeant, den ich fragte, ob alles in Ordnung sei. Und er sagte ja. Allerdings sagte er, dass etwas Außergewöhnliches in der Luft lag, und dass alle etwas vorsichtig sein sollten. Dann fragte er mich, ob ich etwas ganz spezielles sehen möchte. Ich ging mit ihm, und er zeigte mir fünf oder sechs verschlossene Kisten. Als er einen der Deckel öffnete, sah ich einen in Flüssigkeit eingelegten Körper.

Nach ca. fünfzehn Sekunden schloss ich den Deckel und sagte zu ihm: „Sergeant, ich glaube Sie sollten jetzt besser gehen. Ich als Sicherheitsoffizier darf zwar hier sein, aber Sie könnten wegen dem, was wir gerade gesehen haben, echte Schwierigkeiten bekommen." Als wir gemeinsam hinausgingen, fragte ich ihn noch, woher diese Kisten eigentlich kamen. Er sagte, dass diese mit fünf Trucks von einem Flughafen aus New Mexico gebracht wurden, und morgen weiterfahren würden zur Wright-Patterson Air Force Base nach Ohio. In diesem Moment entband ich den Sergeant von seinem Posten und ging alleine wieder in das Gebäude hinein. Als ich dann die Kisten nochmal alleine öffnete, überlegte ich lange, was das sein könnte. Zuerst dachte ich ja, es seien Kinder, weil sie so klein waren. Dann sah ich allerdings, dass der Kopf völlig anders war. Die Arme viel zu dünn und der Körper komplett grau. Ich hatte keine Ahnung was das sein soll. Deswegen tat ich das, was in diesem Fall wahrscheinlich jeder Security-Offizier gemacht hätte, und zwar, das gesehene erst einmal gedanklich begraben, bis ich dann vielleicht später für mich selbst eine schlüssige Erklärung gefunden habe. Zehn Jahre später war ich dann in „White Sands" in New Mexico stationiert. Dort sah ich eines Tages Objekte auf dem Radar, die sich mit 3000 bis 4000 Meilen pro Stunde am Himmel fortbewegten. Dies hatten wir des Öfteren, deswegen war für mich klar, dass solche Objekte völlig real sind. Später wurde ich für vier Jahre direkt ins „Weiße Haus" abkommandiert und habe dort alle Berichte zu diesem UFO-Phänomen weltweit direkt erhalten. Meine damalige Sicherheitsfreigabe hatte dafür gesorgt, dass diese Berichte immer zuerst direkt zu mir kamen. Danach berief mich General Arthur Trudeau zu sich, weil er eine kompakte Truppe von Offizieren für eine ganz spezielle Abteilung zusammenstellen sollte. Dort wurde dann eine Abteilung für sogenannte „fremde Technologie" ins Leben gerufen, zu deren Leiter er mich damals ernannte. Dadurch erhielt ich wiederum alle weltweiten Berichte über Abstürze und die geborgenen Artefakte. Als ich vierzehn Jahre später zur „Research & Development" kam, übernahm ich im Zuge dessen wieder die Kontrolle über alle Dokumente und Artefakte. Dabei waren diesmal allerdings auch die streng geheimen Berichte des „Walter Reed Hospitals". Dort gab es nämlich ein spezielles Labor, welches uns gehörte, weil wir es ja finanzierten. Genau in diesem Labor fanden damals auch die Obduktionen statt. Ich persönlich habe wirklich alle faktischen Beweise dafür gesehen, dass der Absturz in Roswell damals genauso stattgefunden hatte, wie Millionen Menschen auf der Welt vermuten und es seit Jahrzehnten die Regierung vertuscht und abstreitet. Wenn ich vor dem amerikanischen Kongress zu diesem Thema aussagen könnte, würde ich erzählen, was wirklich passiert ist. Und ich würde auch noch meine eigene Meinung hinzufügen. Nämlich: Gebt alle Informationen endlich weltweit an die jungen Leute weiter. Denn sie wollen die Wahrheit hören. Versteckt die Wahrheit nicht, lügt nicht weiter und erzählt keine falschen Geschichten mehr. Die Menschen sind nicht dumm und werden auch bestimmt nicht in Panik geraten. Mein Neffe rief mich an und fragte: „Onkel Phil, wieso erzählt uns die Regierung nicht einfach die Wahrheit? Wir werden die Wahrheit vertragen." Die Menschen würden heutzutage gerne die Wahrheit hören und sie werden dabei nicht in Panik geraten. Diese Informationen müssen endlich allen Menschen auf der Welt zugänglich gemacht werden. Und nicht nur für die Armee oder das Verteidigungsministerium. Diese Informationen gehören einfach der gesamten Menschheit. Ich werde immer wieder gefragt, wer denn jetzt die Kontrolle hat und es vertuscht. Dazu kann ich nur folgendes sagen: Der Regierungsapparat ist so groß und verschachtelt, dass sie sich selbst vertuschen würden, wenn man sie nur ließe."

Laut Corso gab es zur Zeit des Kalten Krieges bei der Regierung Befürchtungen, dass die Russen Zugang zu dem außerirdischen Objekt bekommen könnten. Außerdem hatte man Bedenken, dass die Außerirdischen durch ihre fortgeschrittene Technologie möglicherweise die Erde überfallen könnten. Laut Corso befanden sich einige wichtige Fragmente des Roswell-Absturzes in einem ganz gewöhnlichen, einfachen Aktenschrank. Unter anderem war ein spezielles, sehr widerstandsfähiges, metallisches Stoffgewebe dabei. Nach der Meinung von Colonel Corso hat es dem Schutz der Außerirdischen in ihrem Raumschiff gedient. Des Weiteren befand sich unter diesen Akten eine Röhre, die ein sengendes rotes Licht zu verschießen schien. Die Röhre war nicht größer als ein Kugelschreiber. Corso hielt dieses Objekt für ein chirurgisches Instrument oder eine Waffe. Weiter fand er ein von Außerirdischen hergestelltes Stirnband, das laut seinen Aufzeichnungen dazu gedient haben könnte, Gedanken zu übertragen oder das Raumschiff durch die Gedanken des Piloten zu steuern. Eine mit Schaltkreisen bedruckte Leiterplatte war ebenfalls unter den Artefakten. Möglicherweise handelte es sich dabei um einen fertigen Mikrochip. Weiterhin war ein biegsames Kabel dabei, das der Übertragung von Licht gedient haben könnte. Außerdem fand er noch eine Linse, mit der jedermann im Dunkeln sehen konnte. Diese Linse wurde angeblich einem Auge eines Außerirdischen entnommen.

Corso behauptete, um den Inhalt dieses Aktenschrankes verstehen zu können, habe er sich intensiv in geheime Regierungsdokumente eingearbeitet. Diese Akten berichteten von den bisherigen Informationen über die in Roswell gefundene Technologie. In diesen Berichten wurde erwähnt, dass einige Wissenschaftler – unter anderem Wernher von Braun oder Robert Oppenheimer - Zugang zur Roswell-Absturzstelle bekommen hatten. Nachdem ihm General Trudeau das Okay dafür gegeben hat, sich ein eigenes Top-Team für seine Arbeit zusammen zu stellen, nahm Corso neben vielen US-Wissenschaftlern auch ein paar deutsche Wissenschaftler mit in sein Team. Nach den Behauptungen Corsos hat er auf Grund seiner ausgiebigen Studien der Roswell-Akten seine eigenen Theorien darüber entwickelt, wie das außerirdische Raumschiff funktioniert hat. Er sagte, dass das Raumschiff die Möglichkeit hatte zu „springen". Das heißt, dass es nicht von seinem Herkunftsort zu uns flog, sondern es „sprang". Laut Corso war das Raumschiff von einer Art Welle umgeben, dass es dem Raumschiff erlaubte, nicht nur ein Raumschiff zu sein, sondern eine Art Zeitmaschine. Und dies war nötig, weil es unser vertrautes Raum-Zeit-Kontinuum verlassen musste, um die großen Entfernungen zu uns zu bewältigen. Das heißt, das Objekt tauchte von einem Moment zum nächsten an einem ganz anderen Ort auf. In Corsos persönlichen Notizen fanden sich Skizzen, die seine Funktionskonzepte zu den einzelnen Artefakten veranschaulichten. Er spekulierte, dass das Raumschiff mit Hilfe des Stirnbandes durch Gedankenkraft gesteuert wurde.

Nach Abschluss dieser Recherchen ging Corso daran, seinen zweiten wichtigen Punkt zu bearbeiten, und zwar die Verbreitung der gefundenen Technologie. Das heißt, die Weitergabe der Technologie an das Militär und die Wirtschaft. Natürlich ging es darum, die Artefakte bzw. das Wissen an geeignete Firmen in der Rüstungsindustrie weiterzuleiten. Corso behauptete, dass dies letztendlich zu einer Revolutionierung vieler Technologiebereiche geführt hat. Corso kontaktierte gegen Ende 1961 die ersten militärischen Waffenlabore wegen seiner außerirdischen Artefakte. In diesen Laboratorien arbeiteten aber auch zivile Wissenschaftler, und Corso sah darin einen guten Weg, das geheime Wissen auch an diese Wissenschaftler weiterzugeben, weil die Geheimnisfreigabe ja von den Laboratorien selbst erledigt wurde. Um die Funktionsweise dieser Artefakte herauszufinden, konnte man sie ja nicht einfach in den nächsten Elektronikladen tragen, sondern sie gehörten an einen Ort, wo Fachleute diese Technologie verstehen konnten. Corso gab an, dass Augenzeugen, die bei der Bergung des Roswell-Objekts beteiligt waren, sagten, dass das Raumschiff über bildverstärkende Technologien verfügte. Wenn man das Flugobjekt betrat und nach draußen schaute, hat die Umgebung selbst in der Nacht taghell gewirkt.

Wie bereits erwähnt, behauptete Corso weiter, dass man aus dem Auge eines Außerirdischen eine Linse entfernt hat, die lichtverstärkende Eigenschaften hatte. Niemand hat gewusst wie beides zusammenhängt. Aber solch eine Technologie wäre natürlich von großem Nutzen. Ganz offensichtlich wurde diese Technologie dazu benutzt, moderne Nachtsichtgeräte zu konstruieren oder weiterzuentwickeln.

Der kleine verkohlte Chip, der sich bei den Artefakten befand, war nicht größer als etwa einen Quadratzentimeter. Es führten zwei Leitungen heraus und in der Mitte gab es eine Vertiefung mit dünnen Drähten. Auch das stammte aus dem Roswell-Objekt. Die genaue Funktion dieser integrierten Schaltkreise war damals völlig unbekannt. Aber man vermutete, dass es sich um elektrische Schaltkreise handelte. Dieses Objekt wurde an die „Bell Labs“ weitergeleitet, die 14 Jahre zuvor schon den Transistor entwickelt hatten. Dort ist es den Wissenschaftlern gelungen, den Chip zu analysieren und später nachzubauen. Und tatsächlich veränderte sich die Welt nach der Entwicklung dieses Schaltkreises zu Beginn der 60er Jahre rasant.

Darüber hinaus behauptete Colonel Corso, dass er auch superstarke Gewebe untersuchen ließ, die laut seinen Informationen von den Raumanzügen der Aliens stammten. Zitat Colonel Corso:

„Als allererstes verblüffte mich an dem Gewebe, dass ich einen einzelnen Faden davon nicht mit einer Rasierklinge durchschneiden konnte."

Im Buch „Der Tag nach Roswell" legt Corso eine Theorie zu diesem Gewebe vor: Die Körper der Außerirdischen waren vermutlich sehr verletzbar und so wurden sie durch das extrem widerstandsfähige Gewebe rundherum geschützt. Es war wie ein Schutzschild. Ein kleidungsmäßiges Schutzschild. Laut Corso hatten die Außerirdischen diese Anzüge nicht angezogen, sondern sie waren wie in einem „Kokon" darin eingewoben gewesen. Corso überlegte, ob sich aus diesem sehr widerstandsfähigen Gewebe, vielleicht super-schusssichere Gewebe für Polizei und Militär entwickeln lassen könnten.

Zusammengefasst entstammen laut Corso folgende Technologien und Projekte den gefundenen Artefakten und Informationen des Roswell-Absturzes:

Bildverstärker (Entwicklung von Nachtsichtgeräten)
Superreißfeste Fibern
Glasfiberoptik
Unsichtbare Artilleriegranaten
Laser
Metalllegierungen mit molekularer Längsrichtung
Integrale Schaltkreise
Projekt „Horizon" (Mondstation)
Tragbare Atomgeneratoren (Ionenantrieb)

Bestrahlte Nahrung
Drittes-Gehirn-Führungssystem (EBE-Stirnbänder)
Teilchenstrahlenbündel (Antiraketen-Waffen)
Elektromagnetisches Antriebssystem
Mikroverkleinerte Elektronikschalttafeln

Zum Ende des Buches schrieb Corso das Kapitel „Krieg der Sterne". In seinem Buch schreibt er darüber folgendes:

„Diese Wesen waren keine wohlwollenden Außerirdischen, die gekommen waren, um den Menschen zu bessern. Sie waren genetisch veränderte humanoide Automaten. Geklonte biologische Wesen, die biologische Arten von der Erde für ihre Experimente holten. So lange wir unfähig waren uns zu verteidigen, mussten wir zulassen, dass sie bei uns nach ihrem Gutdünken eindrangen."

Dies zu wissen ist sehr wichtig, wie wir noch im Kapitel „Ein globales Szenario" sehen werden.

Colonel Philip Corso verstarb am 16. Juli 1998 im Alter von 83 Jahren, infolge eines schweren Herzanfalls, den er bereits im Juni 1998 erlitten hatte. Als er bereits auf dem Wege der Besserung war, erlitt er zuhause eine zweite Herzattacke. Sein Sohn, Philip Corso Jr., sagte später: *„Er wollte hierbleiben. Die letzten drei Wochen waren sehr produktiv. Ich wusste, er hatte noch mehr zu sagen, und er erzählte mir von einem großen Deal über den UFO-Absturz bei Roswell"*. Corsos Sohn teilte auch mit, dass es unveröffentlichte Manuskripte und UFO-Informationen seines Vaters gibt, welche der Öffentlichkeit zugänglich gemacht werden sollen. Philip Corso Jr. gab auch einige Interviews zum UFO-Thema, welche zum Großteil auch auf – beispielsweise - YouTube abrufbar sind.

Dr. Cris und die Artefakte im JPL

Dass die Aussagen von Colonel Corso bezüglich der Weitergabe von außerirdischer Technologie an die Wirtschaft und Wissenschaft wirklich stichhaltig sind, bestätigt die Aussage eines Whistleblowers, der im Jahr 1994 an die Öffentlichkeit - sprich an Forscher - herangetreten ist. Dieser Mann operierte unter dem Pseudonym „Dr. Cris". Über verschiedene Ecken konnte der Wissenschaftsjournalist Andreas von Rétyi mit ihm Kontakt aufnehmen. Kurz darauf kam es zu einem persönlichen Treffen der beiden. In seinem 1995 erschienenen, hervorragenden Buch *„Das Alien-Imperium: UFO-Geheimnisse der USA"* beschreibt von Rétyi dieses Treffen und gibt die Aussagen des Informanten ausführlich wieder.

Dr. Cris gab an, dass er Biophysiker und Ingenieur sei, der lange Zeit in den Vereinigten Staaten arbeitete. Er hatte dort mit diversen militärischen Projekten und geheimdienstlichen Aktivitäten zu tun. Im Jahr 1974 gehörte er einem internationalen Wissenschaftlerteam an, welches zur Aufgabe hatte, technische Materialproben zu untersuchen. Angeblich kamen diese Proben aus Russland, und das Team sollte nun analysieren, ob es neue Komponenten des Materials in Bezug auf die Verwertung in der westlichen Wissenschaft gab. Aber bereits die ersten Untersuchungen ließen die Wissenschaftler damals hellhörig werden. Das Material wirkte ungewöhnlich alt, und man stellte fest, dass es schon mindestens 20 Jahre alt war. Das wäre dann in etwa der Beginn der 50er Jahre. Was noch interessanter war, ist, dass einige Metalle sich als Legierungen erwiesen, die zu dieser Zeit noch unmöglich hergestellt worden sein konnten. Dazu war nämlich völlige Schwerelosigkeit erforderlich. In diesem Moment wurde man sich darüber klar, dass hier etwas nicht stimmte. Nach einiger Zeit musste das Team das Material wieder zurückgeben und die Forscher hörten nie wieder etwas davon. Allerdings berichtet Dr. Cris, dass er einige Jahre später, durch Zufall, doch noch einmal auf diese Proben stieß.

Im Rahmen einer Feier für einen hochgestellten Offizier - auch ein Wissenschaftler -, der gerade dabei war aus seinem Dienst auszuscheiden, hatten sich einige Forscher aus dem Ausland in seinem Büro bei der NASA in Pasadena getroffen. Es handelte sich um das „Jet Propulsion Laboratory", kurz „JPL" genannt. Unter den anwesenden Forschern war auch Dr. Cris. Teilweise kannte man sich schon, da man schon früher gemeinsam bei Geheimprojekten zusammengearbeitet hatte. Man kannte sich von diesen Geheimprojekten allerdings nur mit Codenamen. Bei dieser kleinen Feier kam es auch zu einem Umtrunk mit Champagner und Orangensaft. Möglicherweise hatte der Alkohol damit zu tun, dass der ausscheidende Forscher plötzlich meinte: *„Ich habe noch etwas, was Euch interessieren wird. Etwas Besonderes, ein paar Überbleibsel von speziellen technischen Apparaturen. Wir haben hier einen gesonderten Raum. Und dann vielleicht auch ein paar andere Besonderheiten."* Er nahm einen Schlüssel aus einem Sicherheitsschrank und die kleine Gruppe fuhr mit einem Lift in einen atombombensicheren Teil des Gebäudes hinunter. Es war drei Stockwerke unter der Erde. Dort gab es schwere Stahltüren, die fast wie Tresortüren aussahen. Nach einer kurzen Wegstrecke gelangte man an eine weitere Tür. Als der ausscheidende Forscher mit seinem Schlüssel diese Tür öffnen wollte, sah er, dass dieser Eingang allerdings mit Plomben versiegelt war, worauf er die ganze Aktion wieder abbrechen wollte. Nach Protest der anderen Forscher haben dann zwei Teilnehmer die besagte Türe „entplombt" und geöffnet. Die Gruppe ging dann in diesen Raum, der etwa acht bis zehn Meter lang und vier Meter breit war, und schaltete das Licht ein. Das erste, was ihnen ins Auge fiel, waren zwei etwas glänzende Gegenstände - es waren Behälter aus Plexiglas. In einem befand sich ein Hüftknochen, der etwas beschädigt war und er sah aus wie der Hüftknochen eines Kindes, jedoch etwas anders geformt und verkalkt. Die Struktur und Form der Hüfte war nicht menschlich. Auch die Farbe war anders, nicht dieses typische weiß, sondern hellgrau-weiß. Außerdem sahen sie einen zweiten Behälter, und dort war das Bruchstück eines Schädels enthalten. Es war ungefähr ein Drittel oder vierzig Prozent des Gesamtschädels. Dieser Teil schloss auch die Augenhöhle mit ein und es war auch ein Teil der rechten Schädelhälfte zu sehen. Der Kopf war in etwa so groß wie der eines schon älteren Kindes, er sah zwar menschenähnlich aus, stammte aber weder von einem Kind noch von einem Tier. Die Fragmente waren in einem Plexiglasbehälter eingegossen, bzw. eingeschlossen. Diese Behälter müssen schon vor längerer Zeit hergestellt worden sein, denn sie wiesen zahlreiche Kratzspuren auf. Dem Zeugen fiel auch noch auf, dass die Knochenhöhle, die normalerweise das Gehirn schützte, weitaus dünnwandiger war, als die bei einem Menschen. Bei diesen Artefakten stand eine kleine kurze Erklärung und da hieß es: *„Aus dem 1. und 2. Zwischenfall in New Mexico."* An dieser Stelle wurden die Forscher natürlich sehr nervös und sie verließen schnell diesen Raum.

Ganz offensichtlich hatte man es mit Teilen aus dem Roswell-Absturz von 1947 zu tun!

Das ganze erinnerte Dr. Cris wieder an die Materialproben, die er vor einiger Zeit untersucht hatte. Diese Materialproben sahen aus, als würden sie aus „geschäumten Metall" bestehen. Die Außenhaut war sehr glatt und glänzend, die Bruchstellen aber matt, und man konnte eine Hohlraumstruktur erkennen. Dr. Cris konnte über den Verbleib der restlichen Artefakte von Roswell keine Aussage machen. Er gab an, dass es zu dieser Zeit keine geschäumten Metalle gab, diese Materialien und auch zum Beispiel Kevlar haben in dieser Zeit noch nicht existiert. Er sprach auch von Metallfolien, die im Nanometerbreich pyramidenähnliche Strukturen hatten. Diese wirkten wie Spiegel, die wirklich alles wiederspiegelten. Er sagte auch, dass er bereits damals, als es hieß, das Material komme aus der Raumfahrtforschung der Russen, einen speziellen Verdacht entwickelte. Diese Legierungen konnten eben auf der Erdoberfläche überhaupt nicht hergestellt werden. Somit waren auch die Russen aus dem Spiel.

Im Jahr 1997 war es mir möglich, zusammen mit Andreas von Rétyi und zwei weiteren Personen ein Gespräch mit Dr. Cris in München zu führen. Auch hier bestätigte er all die Dinge, über die ich gerade berichtet habe. Das ganze passt natürlich perfekt zu dem, was Colonel Corso dann später in seinem Buch beschrieb: Die Weitergabe von außerirdischer Technologie an die Wissenschaft und die Wirtschaft.

Der gefälschte Santilli-Film

Im Jahr 1995 veröffentlichte der Londoner Unternehmer Ray Santilli einen 17minütigen Schwarzweiß-Film, der angeblich die geheime ärztliche Autopsie eines Außerirdischen durch das US-Militär zeigen sollte. Es hieß, dass es sich um authentische Filmaufnahmen handelt, die nach dem Absturz eines UFOs bei Roswell, New Mexico im Jahr 1947 gemacht wurden. Das Filmmaterial erhielt Santilli angeblich von einem pensionierten Militärkameramann, welcher anonym bleiben wollte.

Am 28. August sendete die amerikanische Fernsehstation „Fox-Television" dieses Filmmaterial unter dem Titel *„Alien Autopsy: Fact or Fiction"*. Die Sendung sorgte für großes Aufsehen, wie seit der Veröffentlichung des Zapruder-Films (Kennedy-Mord in Dallas) nicht mehr. Fox brachte daraufhin den Film noch zweimal, wobei die Einschaltquoten von Mal zu Mal höher wurden. Und dies, obwohl in der ausgestrahlten Fassung einige Teile der Autopsie verpixelt oder herausgeschnitten wurden.

Der Londoner Geschäftsmann Ray Santilli.
(Quelle: Ray Santilli)

Zudem veröffentlichte Fox auch Interviews mit Experten, bezüglich der möglichen Authentizität des Films. Darunter war auch der Oscar-prämierte „Maskenbildner für Spezialeffekte"

Stan Winston, der Kameramann Allan Daviau und der bekannte forensische Pathologe Cyril Wecht. Wecht sah die Autopsie-Verfahren im Film als authentisch an, hielt das obduzierte Wesen aber nicht unbedingt für einen Außerirdischen.

Der Filmregisseur John Jopson interviewte für Fox unter anderem Ray Santilli in London. Jopson gab an, dass er bei dem Treffen mit Santilli sofort misstrauisch geworden sei, und teilte Fox nach weiteren Nachforschungen mit, dass er der Ansicht sei „das Ganze sei ein Betrug“. Er beschrieb die Reaktion von Fox bezüglich seiner Überzeugung wie folgt: *„Es wurde mir dann klargemacht, dass die Einschaltquoten leiden würden, wenn das Filmmaterial vor Ausstrahlung der Show als Schwindel entlarvt würde.“* Zwei der Interviewpartner in der Sendung gaben an, ihre Stellungnahmen bezüglich des Films seien verzerrt worden: Stan Winston und Kevin D. Randle (ein bekannter UFO-Autor und Ermittler) gaben beide an, in ihren Interviews eindeutig angegeben zu haben, dass das Filmmaterial ein Schwindel sei, allerdings wurden ihre Aussagen nicht erwähnt oder gesendet.

Ebenfalls am 28. August 1995 brachte der britische „Kanal 4“ den Beitrag *„The Roswell Incident“* als Sonderausgabe seiner langjährigen Dokumentarfilmserie *„Secret History“*, die ebenso das angebliche Autopsie-Filmmaterial enthielt.

Als ich von dem Film erfuhr, bestellte ich ihn mir direkt in England bei Santillis Firma als Kauf-Video. Bereits nach ein paar Tagen erhielt ich das Video auf dem Postweg und schob es erwartungsfroh in den Videorekorder. Es hatte aufgrund der verwendeten Hintergrundmusik und dem englischen Sprecher insgesamt einen leicht mysteriösen Touch. Als dann aber, nach einer kurzen Einführung über Roswell und dem Verlesen einer schriftlichen Stellungnahme des angeblichen Kameramanns, die Obduktion zu sehen war, schüttelte ich nur noch den Kopf. Da sah man ein muskelbepacktes menschenähnliches Etwas mit jeweils 6 Fingern und 6 Zehen. Dieses „Etwas" hatte einen leicht größeren Kopf mit leicht verkleinerten Ohrmuscheln. Mein erster Eindruck war sofort: „Das ist doch eine Puppe!" Wer sich auch nur ein bisschen mit dem Roswell-Crash auseinandergesetzt hat, kennt die übereinstimmenden Aussagen der Zeugen. Die Zeugen berichteten von „sehr dünnem Körperbau" mit „langen dünnen Armen". Es wurden Hände mit 3 oder 4 Fingern beschrieben, aber niemals wurden 6 Finger pro Hand beschrieben. Der Kopf wurde als „übergroß im Vergleich zum restlichen Körper" beschrieben, außerdem gab es keine Ohren, sondern nur leichte Einbuchtungen bzw. Löcher an Stelle der Ohren. Dieser Film

Das Cover des Kaufvideos mit der angeblich echten Alien-Autopsie.
(Quelle: Archiv Oliver Gerschitz)

war für Leute, die sich wirklich mit dem Roswell-Vorfall befasst hatten, eine Lachnummer. Da dieser „Dokumentarfilm" natürlich weltweit wegen dieser und anderer Fehler angegriffen wurde, währte seine Popularität nicht all zu lange.

Die Ereignisse rund um die Veröffentlichung des Filmmaterials wurden dann im Jahr 2006 als Spielfilmkomödie *„Alien Autopsy"* dargestellt, die von Jonny Campbell inszeniert und von William Davies geschrieben wurde. Der Streifen war eine humorvolle Rekonstruktion der Entstehung des Santilli-Films auf der Grundlage von Santillis Aussagen, ohne den Wahrheitsgehalt seiner Behauptungen zu kommentieren.

Am 4. April 2006, nur wenige Tage vor der Veröffentlichung der Spielfilmkomödie, brachte der Sender SKY eine Dokumentation zu den Ereignissen um den Santilli-Film. In dieser Sendung gaben Ray Santilli und sein Kollege Gary Shoefield zu, dass ihr Film in Wirklichkeit eine „Rekonstruktion" war, die laut ihren Worten nur „ein paar Bilder" aus den ursprünglichen 22 Filmrollen enthielt, welche Santilli 1992 angesehen hatte. Sie erklärten, dass, als sie genug Geld gesammelt hatten um das Original zu kaufen, nur noch wenige Szenen intakt waren, während der Rest durch Hitze und Feuchtigkeit unbrauchbar war.

Santilli und sein Bekannter Shoefield gaben an, das beschädigte Filmmaterial „restauriert" zu haben, indem sie eine simulierte Autopsie an einem fabrizierten Außerirdischen auf der Grundlage dessen, was Santilli 1992 gesehen haben will, gefilmt und dann einige Bilder des Originalfilms hinzugefügt zu haben, die noch einigermaßen gut erhalten waren. Sie sagten nicht, welche Bilder vom angeblichen Original stammen. Laut Santilli wurde ein Film-Set im Wohnzimmer einer leeren Wohnung am

Rochester Square in Camden Town, London, gebaut. John Humphreys, ein Künstler und Bildhauer, wurde eingesetzt, um über einen Zeitraum von drei Wochen zwei Alien-Dummy-Körper zu produzieren. Dabei wurden Schafhirne in Himbeermarmelade eingelegt, sowie Hühnchen-Eingeweide und Knöchel-Gelenke aus einem Fleischmarkt verwendet. Humphreys spielte auch die Rolle des Chefarztes im Film, um ihm die Kontrolle über die gefilmten Effekte zu ermöglichen. Es gab zwei separate Versuche, das Filmmaterial zu erstellen.

Man gab also zu, dass es sich um eine Fälschung handelte. Ich glaube auch nicht, dass es „Teile" in diesem Film gibt, die original vom Roswell-Absturz stammen. Es ist schon sehr seltsam, dass Santilli von niemand angezeigt oder zur Rechenschaft für diese Fälschung gezogen wurde. Schließlich hat er die gesamte Weltöffentlichkeit betrogen. Oder hielt jemand seine schützenden Hände über ihn? Es gab kurz vor dem Erscheinen des Santilli-Films tatsächlich Gerüchte, dass sich echtes Filmmaterial vom Roswell-Crash in Privatbesitz befinden soll. Was könnten Geheimdienste tun, um einen möglichen Schaden bei Veröffentlichung des echten Filmmaterials zu minimieren? Was könnte man tun, damit Fernsehstationen solche Bilder gar nicht erst senden wollen? Was könnte man tun, um die Weltöffentlichkeit dafür zu sensibilisieren, solche Bilder schon im Vorfeld als Blödsinn einzuordnen? Die Lösung: Ein gefälschter Film! Wenn dieser gefälschte Film dann als Fälschung „geoutet" wird, werden sich alle Betroffenen vom Thema Roswell abwenden – die Medien und die Weltöffentlichkeit. Sollte dies der wirkliche Grund für den Santilli-Film gewesen sein, kann ich nur sagen: „Meine Hochachtung. Das habt Ihr exzellent hingekriegt."

Das Testament des Walter Haut

Im Dezember 2005 verstarb der frühere Presseoffizier der Roswell-Luftwaffenbasis Walter Haut. Sie erinnern sich, Walter Haut war jener Presseoffizier, der die besagte Pressemitteilung über das Auffinden einer „fliegenden Scheibe" auf Anweisung von Colonel Blanchard herausgab. Nachfolgend finden Sie die komplette eidesstattliche Versicherung von Walter Haut, wobei ich den wichtigsten Abschnitt mit Fettdruck gekennzeichnet habe. In dem 2007 erschienenen Buch „Witness to Roswell" (Zeuge von Roswell) haben die Autoren Tom Carey und Donald Schmitt seine notariell beglaubigte letzte Aussage erstmals veröffentlicht. Sie wurde 2002 versiegelt und dann erst mit Genehmigung der Familie nach seinem Tode veröffentlicht. Als er noch lebte, hatte Haut zwar stets bestätigt, dass tatsächlich ein Raumschiff auf einer Farm in New Mexico abgestürzt sei - über den Rest der Geschichte hüllte er sich aber in Schweigen. Wie kommt es zu diesem Widerspruch? Wurde Haut vom Militär unter Druck gesetzt? Dass das US-Militär Zeugen des Roswell-Falles zur Geheimhaltung verpflichtet hat, ist bekannt. Möglicherweise hat er sein Schweigen deswegen erst nach seinem Tod brechen können...

Der damalige Presseoffizier der Luftwaffenbasis in Roswell, Walter Haut.
(Quelle: UFO-Museum Roswell)

Die eidesstattliche Versicherung von Walter Haut:

DATUM. 26. Dezember, 2002
ZEUGE: Chris Xxxxxx
NOTAR: Beverlee Morgan

(1) Mein Name ist Walter G. Haut

(2) Ich wurde am 2. Juni 1922 geboren.

(3) Meine Adresse lautet: 1405 W. 7th Street, Roswell, NM 88023

(4) Ich bin im Ruhestand.

(5) Im Juli 1947 war ich auf der Roswell Army Air Base in Roswell, New Mexico, stationiert, wo ich als Öffentlichkeits-/Pressereferent diente. Ich verbrachte das Wochenende des 4. bis 6. Juli an meinem privaten Wohnsitz etwa 10 Kilometer von der Basis, die südlich der Stadt liegt, entfernt.

(6) Als ich am Montagvormittag, dem 7. Juli, zurückkehrte, erfuhr ich, dass jemand der Basis Trümmerteile eines abgestürzten Vehikels gemeldet hatte. Ich erfuhr auch, dass der Chef des Nachrichtendienstes Major Jesse A. Marcel vom Basiskommandierenden Col. William Blanchard mit der Untersuchung beauftragt wurde.

(7) Am späteren Nachmittag desselben Tages erfuhr ich, dass zusätzliche Zivilisten von einer zweiten Absturzstelle unmittelbar nördlich von Roswell berichteten. Den größten Teil des Tages verbrachte ich damit, meinen gewohnten Dienst zu versehen, ohne dass ich weiteres zu den Vorfällen vernommen habe.

(8) Am Dienstagmorgen, 8. Juli, nahm ich an dem regulären täglichen Treffen des Stabes um 7:30 Uhr teil. Neben Blanchard, Marcel; CIC [Counterintelligence Corp] Capt. Sheridan Cavitt; Col. James I. Hopkins, [operations officer]; Lt. Col. Ulysses S. Nero, [supply officer], nahmen auch Blanchards Vorgesetzte Brig. Gen. Roger Ramey und dessen Stabschef Col. Thomas J. Dubose von der Carswell AAF in Fort Worth, Texas, teil.

Über das Hauptthema der Diskussionen berichtete Marcel und Cavitt. Dabei handelte es sich um das großflächige Trümmerfeld in Lincoln County, etwa 75 Meilen nordwestlich von Roswell.

Blanchard erteilte eine einführende Einweisung zu der zweiten Trümmerstelle, etwa 40 Meilen nördlich von Roswell. Dabei wurden Proben von den Trümmern reihum verteilt. Diese glichen keinem Material, dass ich je zuvor in meinem Leben gesehen hatte. Teile, die Metallfolie glichen, waren zwar dünn wie Papier – waren aber dennoch extrem widerstandfähig. Andere Teile, mit ungewöhnlichen Zeichen versehen, wurden ebenfalls weitergereicht und jeder äußerte seine Meinung über die Stücke. Keiner der Anwesenden war in der Lage die Trümmerteile des Absturzes zu identifizieren.

(9) Eine der auf dem Treffen diskutierten Hauptbedenken, war die Frage, ob die Öffentlichkeit über die Entdeckung informiert werden sollte oder nicht. Hierzu schlug Gen. Ramey einen Plan vor, der – so glaube ich – von seinen Vorgesetzten im Pentagon stammte. Demnach sollte die Aufmerksamkeit von der wichtigeren Absturzstelle nördlich der Stadt dadurch abgelenkt werden, indem man die andere Absturzstelle bestätigte. Zu viele Zivilisten und auch die Presse waren bereits involviert. Ich war nicht darüber informiert, wie man all dies bewerkstelligen wollte.

(10) Etwa gegen 9:30 Uhr (morgens) rief Blanchard in meinem Büro an und diktierte die Pressemitteilung über unsere Bergung einer Fliegenden Scheibe auf einer Ranch nördlich von Roswell, und dass Marcel das Material zum Hauptquartier bringen würde. Es war meine Aufgabe, diese Pressemitteilung an die Radiosender FGFL und KSWS, sowie an die Zeitungen „Daily Record" und „Morning Dispatch" zu senden.

(11) Als die Pressemitteilung ihre Empfänger erreicht hatten, wurde mein Büro mit Telefonanrufen aus aller Welt regelrecht überschwemmt. Nachrichten stapelten sich auf meinem Schreibtisch, doch anstatt die Anfragen der Medien abzuarbeiten schlug Col. Blanchard vor, dass ich nach Hause gehen sollte, um mich davor zu verstecken.

(12) Noch bevor ich die Basis verließ, nahm mich Col. Blanchard zur Seite und brachte mich zum Gebäude 84 („Building 84" aka „Hangar P-3"), einem Hangar für B-29-Bomber östlich der Startbahn.

Als wir uns dem Hangar näherten, bemerkte ich, dass dieser sowohl von außen als auch innen unter starker Bewachung stand. Im Innern war es mir erlaubt, aus sicherem Abstand das gerade nördlich der Stadt geborgene Objekt zu betrachten. Es war etwa 12 bis 15 Fuß (1 Fuß = 0,3048 Meter) in der Länge, nicht sehr breit, etwa 6 Fuß hoch und eher eiförmig. Die Beleuchtung war nur schwach, aber seine Oberfläche wirkte metallisch. Es gab keine sichtbaren Fenster, keine Luken, Flügel, Flossen oder Fahrwerk.

(13) Ebenfalls aus sicherer Entfernung sah ich einige Körper unter Abdeckplane. Nur die Köpfe waren unbedeckt und ich konnte keine weiteren Merkmale ausmachen. Die Köpfe hingegen erschienen

größer als normal und die Konturen unter der Plane ließen auf eine Größe von 10-jährigen Kindern schließen. Später, in Blanchards Büro deutete Blanchard mit seiner Hand eine Größe der Leichen von etwa 4 Fuß an.

(14) Ich wurde darüber informiert, dass man ein notdürftiges Leichenschauhaus für die geborgenen Leichen errichten werde.

(15) Ich wurde darüber informiert, dass das Wrack nicht radioaktiv war.

(16) Bei seiner Rückkehr von Fort Worth, beschrieb Major Marcel mir gegenüber, wie er die Trümmerteile zu Gen. Rameys Büro gebracht habe. Nachdem er dann aus einem Kartenraum zurückgekommen sei, habe er, auf dem Boden ausgebreitet, die Überreste eines Wetterballons und eines Radardrachens vorgefunden, die dort platziert worden waren, als er nicht im Raum war. Marcel war über die ganze Situation sehr bestürzt und wir haben nie wieder darüber gesprochen.

(17) Es wurde mir nicht erlaubt, auch nur eine der Trümmerstellen während der Säuberungsarbeiten durch das Militär zu besuchen. Ich sollte mit einigen der Wrackteile in mein Büro zurückkehren und sie dort ausstellen.

(18) Ich erfuhr von zwei unterschiedlichen Einheiten, welche die Trümmerfelder noch Monate später in regelmäßigen Abständen nach verbliebenen Beweisen absuchten.

(19) Ich bin überzeugt davon, dass es sich bei dem was ich sah, um irgendeine Art von Fahrzeug und dessen Besatzung aus dem Weltraum gehandelt hat.

(20) Ich wurde für diese Aussagen weder bezahlt, noch habe ich davon irgendeinen Nutzen. Nach bestem Wissen und Gewissen handelt es sich um die Wahrheit, soweit ich mich daran erinnern kann.

Unterzeichnet: Walter G. Haut
26. Dezember 2002

Unterschrift des Zeugen:
Chris Xxxxxxx

Zusammengefasst kann man sagen, dass Walter Haut hier eindeutig eine eidesstattliche Versicherung abgegeben hat, die besagt, dass 1947 bei Roswell mindestens ein (vielleicht sogar ein zweites) außerirdisches Flugobjekt abgestürzt ist.

Er beschreibt auch das Entsetzen von Jesse Marcel, als die Öffentlichkeit bei der Pressekonferenz in Forth Worth belogen wurde und Marcel dastand wie ein Idiot, der einen Wetterballon nicht als solchen identifizieren konnte.

Vor allem wird durch die eidesstattliche Erklärung aber klar: Man hatte eine zweite Absturzstelle gefunden, welche etwa 40 Meilen nördlich von Roswell lag. Man hatte die Presseerklärung über eine abgestürzte „fliegende Scheibe etwa 75 Meilen nordwestlich von Roswell" nur deswegen gebracht, um die gesamte Öffentlichkeit von der zweiten, viel wichtigeren Absturzstelle mit den Leichen abzulenken.

Allerdings gibt es jetzt ein kleines Problem. Diese zweite Absturzstelle ist eigentlich viel zu weit von der Brazel-Ranch entfernt (**ca.**

30 Meilen), denn nach den Recherchen von Randle und Schmitt, flog das Ufo nach der Explosion noch ein paar Sekunden und legte dabei noch eine Strecke von **ca. 3 Meilen** zurück, wo es dann am Fuße einer Felsengruppe zerschellte. Wie aber ist dieser Unterschied zu erklären? Gab es etwa noch eine dritte Absturzstelle? Und wenn ja, wie konnte das sein?

Roswell und der „Aviator“

Im Rahmen der Recherchen bezüglich des Lesotho-Crashs (Kapitel IV) gab es einen Informanten aus München, welcher mir immer wieder hochinteressante Informationen zukommen ließ. Nennen wir diesen Mann der Einfachheit halber nur „Herr D.“. Herr D. übermittelte zum Beispiel Informationen zum geheimen DSP-Programm (DSP = Deep Space Platform) der USA. So erhielt ich Raketenstartpläne und ähnliches von diesem Informanten. Aufgrund meiner Beobachtungen gehe ich davon aus, dass „Herr D.“ sehr enge Verbindungen zum deutschen Militärgeheimdienst MAD unterhielt. Interessanterweise wusste er auch über die Aufenthaltsorte meines Mitrechercheurs Andreas von Rétyi und mir Bescheid. Als er mich 1996 bei einem gemeinsamen Treffen in München vor bestimmten Personen warnte, machte er auch eine Bemerkung zu Roswell. Er sagte: „Sieh Dir an, wo Howard Hughes war, als der Roswell-Crash passierte!“ Mehr wollte er dazu trotz meiner Nachfragen nicht sagen. Howard Hughes, das war doch dieser „Aviator“, den man in der Öffentlichkeit lange Zeit als den reichsten Mann der Welt deklarierte. Die Suche nach Informationen über Howard R. Hughes brachte aber dann einige interessante Details zu Tage.

Howard Hughes – der „Aviator“
(Quelle: National Archives)

Howard Hughes war ein US-amerikanischer Unternehmer. Er war der Haupterbe der „Hughes Tool Company“, Filmproduzent und Luftfahrtpionier. Sein Leben wurde später mehrmals verfilmt, unter anderem mit Leonardo di Caprio als Howard Hughes in „Aviator“.

Nach dem zweiten Weltkrieg erstellte seine Firma ein Programm zur Verbesserung und Entwicklung der Anwendung von Elektronik bei militärischen Gerätschaften. Die Firma begann in den 1940er Jahren mit Radar-Experimenten und im Jahr 1947 (!) wurde ein neuartiges Radar von Hughes eingeführt und getestet. Im selben Jahr erhielt Hughes auch noch einen Großauftrag der US-Atomenergie-Kommission für den Entwurf und Bau eines elektronischen Messinstruments für Experimente mit hochexplosiven Stoffen. Wo aber wurde 1947 dieses neuartige Radar von Hughes getestet? Richtig: In New Mexico, nicht weit von Roswell entfernt.

Es gab ja bereits seit langem Gerüchte, dass das bei Roswell abgestürzte UFO (bzw. die UFOs) durch ein damals neuartiges Radar beeinflusst wurde und deshalb abstürzte. Das FBI veröffentlichte ein Dokument aus dem Jahr 1950, in dem steht, dass in New

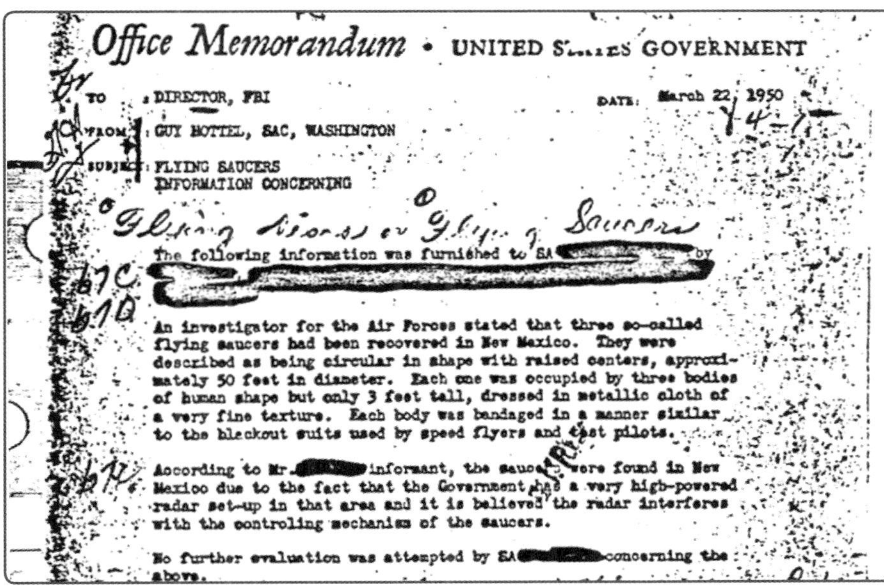
Office Memorandum • UNITED STATES GOVERNMENT

TO : DIRECTOR, FBI DATE: March 22, 1950

FROM : GUY HOTTEL, SAC, WASHINGTON

SUBJECT: FLYING SAUCERS
INFORMATION CONCERNING

The following information was furnished to SA [redacted] by [redacted]

An investigator for the Air Forces stated that three so-called flying saucers had been recovered in New Mexico. They were described as being circular in shape with raised centers, approximately 50 feet in diameter. Each one was occupied by three bodies of human shape but only 3 feet tall, dressed in metallic cloth of a very fine texture. Each body was bandaged in a manner similar to the blackout suits used by speed flyers and test pilots.

According to Mr. [redacted] informant, the saucers were found in New Mexico due to the fact that the Government has a very high-powered radar set-up in that area and it is believed the radar interferes with the controling mechanism of the saucers.

No further evaluation was attempted by SA [redacted] concerning the above.

Das FBI-Memo aus dem Jahr 1950, aus welchem hervorgeht, dass bis zu diesem Zeitpunkt drei fliegende Untertassen in New Mexico geborgen wurden; man vermutet als Absturzursache ein dort eingesetztes Hochleistungsradar.
(Quelle: FBI-Archiv)

Mexico drei fliegende Untertassen und die Körper von neun Außerirdischen geborgen wurden. In diesem Memo vom 22. März 1950 heißt es weiter: *„Möglicherweise hat ein Hochleistungsradar in New Mexico die Steuerung der fliegenden Untertassen gestört und sie dadurch zum Absturz gebracht."*

War vielleicht Howard Hughes direkt vor Ort, als all dies passierte? Der US-Forscher Bill Knell veröffentlichte 2008 Informationen, wonach er in Kontakt mit der Tochter eines bereits verstorbenen, ehemaligen engen Mitarbeiters von Howard Hughes stand. Diese Dame (Linda) bekam diese Informationen von ihrem Vater, als dieser noch lebte. Howard Hughes erwähnte vermutlich 1947 ihm gegenüber, dass er eine Militärbasis besucht habe. Hughes erwähnte nicht, wo sich die Basis befand, lieferte aber einige Details darüber, was dort passierte. Lindas Vater sagte: *„Hughes schien es unangenehm, über seinen Besuch in der Basis zu sprechen. Er hasste Situationen, die er nicht persönlich kontrollieren konnte, und schien darauf hinzudeuten, dass das gesamte Ereignis vom Militär orchestriert und kontrolliert wurde. Mit Ausnahme von Hughes waren keine Zivilisten anwesend. Howard sagte, dass sie ihm einen neuen Flugzeugtyp zeigten. Das meiste war in Stücken und es war offensichtlich, dass das Ding abgestürzt oder abgeschossen worden war. Hughes vermutete, dass die Russen sich das ausgedacht hatten. Erst als Hughes sich dem Material näherte, bemerkte er, dass es alles andere als konventionell war. Er hob nichts davon auf oder berührte es, sagte aber zu Lindas Vater, dass es so aussah wie „das verrückteste Zeug, das ich je gesehen habe". Die anwesenden Militäroffiziere erklärten ihm, dass das Material trotz der Tatsache, dass es in Stücken war, extrem widerstandsfähig gegen Hitze, Kälte und Druck sei. Sie sagten auch, dass es fast unmöglich sei, einzudringen, aber es könnte eine Implosion ge-*

wesen sein, die den Absturz verursacht hat. Howard hat nie gesagt, ob es irgendwelche Aufschriften gab, und er hat auch keine näheren Angaben zum Material oder zum Flugzeug gemacht.“

Hughes erzählte Lindas Vater, dass die Leichen der Besatzungsmitglieder des Flugzeugs ebenfalls vom Militär geborgen worden und größtenteils intakt waren. Er sagte, sie erlaubten ihm, die Leichen zu betrachten, und beschrieb sie als „Zwerge“ oder „deformierte Zwerge“, die nahtlose Fluganzüge trugen. Er fügte keine Details darüber hinzu, wo oder wie sie aufbewahrt wurden. Soweit die Aussagen der Zeugin Linda.

Nach diesem Ereignis wurde Howard Hughes bekanntlich steinreich. Kann es sein, dass er fürstlich dafür belohnt wurde, weil er ein Radar baute, mit dem man UFOs vom Himmel holen konnte? Kann es sein, dass er sich wegen des Roswell-Falls danach so veränderte? Unstrittig ist die Beobachtung von außergewöhnlichem, exzentrischem Verhalten bei Hughes. So zog er sich Mitte der 1950er Jahre immer mehr aus der Öffentlichkeit zurück. Hughes duldete nur noch einen kleinen Stab von Personen um sich, von denen er die Einhaltung bizarrer Rituale forderte. So mussten beispielsweise sieben Mormonen jeden Gegenstand, den er anfassen wollte, mit Papiertüchern abdecken. Die gängige Meinung, dass ein folgenreicher Flugunfall, den er bereits vor Roswell hatte, der Ausgangspunkt für einige skurrile Charakterentwicklungen war, ist nicht gänzlich schlüssig. Hughes – seit seiner Jugend ein Filmfan – schloss sich 1947 vier Monate in einen Kinosaal ein, um dort ununterbrochen Filme zu sehen. Er war umgeben von Schachteln voller Papiertaschentücher, die er um sich arrangiert hatte. Anweisungen gab er häufig nur noch schriftlich, und niemand durfte ihn ansprechen. Er hatte aufgehört sich zu waschen und auch seine Haare und seine Nägel wurden wochenlang nicht mehr geschnitten. Von 1966 bis 1970 verließ Hughes nie seine Räume im *„Desert Inn Hotel“* von Las Vegas. Als Hughes in einem Flugzeug über Texas an Nierenversagen starb, war er bei 1,93 Metern Körpergröße auf 46 kg abgemagert und verwahrlost, und seine Finger waren mit Zellophan umwickelt. Vor seinem Tod schottete er sich völlig ab. Er lief nackt in seiner Wohnung herum und hatte größte Angst vor Viren und Bakterien. Aber woher kam diese Angst? Hatte er Angst, dass sich die Außerirdischen rächen würden, weil er einige von Ihnen mit seinem Radar „heruntergeholt“ hatte? Man weiß es nicht. Ausschließen würde ich dies allerdings nicht.

Zusammengefasst kann man feststellen, dass die Beweise für den Absturz eines außerirdischen Flugobjekts bei Roswell erdrückend sind. Bei jeder Gerichtsverhandlung würden diese Beweise genügen, um ein klares Urteil zu fällen: Ja, es ist passiert!

II

KECKSBURG – EINE STADT IM AUSNAHMEZUSTAND

„Die Leute, welche behaupten, dass es ein Meteorit war, lügen!“
(Robert Blystone, Zeuge des Absturzes)

Der UFO-Absturz in Kecksburg am 9. Dezember 1965 ist bis heute nicht vollständig recherchiert. Allerdings gibt es dermaßen viele Zeugen und stichhaltige Beweise, dass man ihn nicht mehr infrage stellen kann. Nach Augenzeugenberichten von Feuerwehrleuten, Anwohnern und Journalisten ist ein unbekanntes Flugobjekt am 9. Dezember 1965 in einem Waldstück bei Kecksburg (Pennsylvania) abgestürzt oder zu schnell gelandet.

Kurz zuvor sahen Tausende Menschen einen Feuerball, der über den nordamerikanischen Himmel flog. Die Zeugen in Kecksburg hatten den Eindruck, dass das Objekt eher unkontrolliert landete, statt abzustürzen.

Aber was war nun dieses fremdartige Objekt, von dem Zeugen berichteten, dass es in den Wäldern bei Kecksburg abstürzte? Manche Stimmen behaupteten ja auch, dass die Einwohner zum Schweigen verurteilt wurden. Wussten Sie vielleicht etwas über ein geheimes Regierungsprojekt? Oder haben sie vielleicht etwas gesehen, dass die Existenz von Außerirdischen beweisen könnte?

„Notlandung“ in bewohntem Gebiet?

Doch jetzt zurück zu diesem Nachmittag im Jahre 1965. Es war genau um 16:47 Uhr, als das Objekt in der Nähe von Kecksburg in den Wäldern niederging. Sehr viele Einwohner der Gemeinde sahen, dass dieses seltsame Objekt in den Wald stürzte. Allerdings hörte man keinen Aufprall. Aber viele berichteten von einer blauen Rauchsäule, die dann aufstieg. Nach Berichten von Augenzeugen haben einige Bewohner sofort versucht das Objekt zu finden, und sind in den Wald gegangen. Dort fanden sie zu ihrer Überraschung einen Gegenstand aus Metall, der immer noch qualmte und auch teilweise verschüttet war. Als einer der ersten war Jim Romansky vor Ort der sagte:

„Da war dieser riesige Metallgegenstand, genau vor mir. Ich habe ihn als riesige Eichel beschrieben. Unten legte sich eine Art

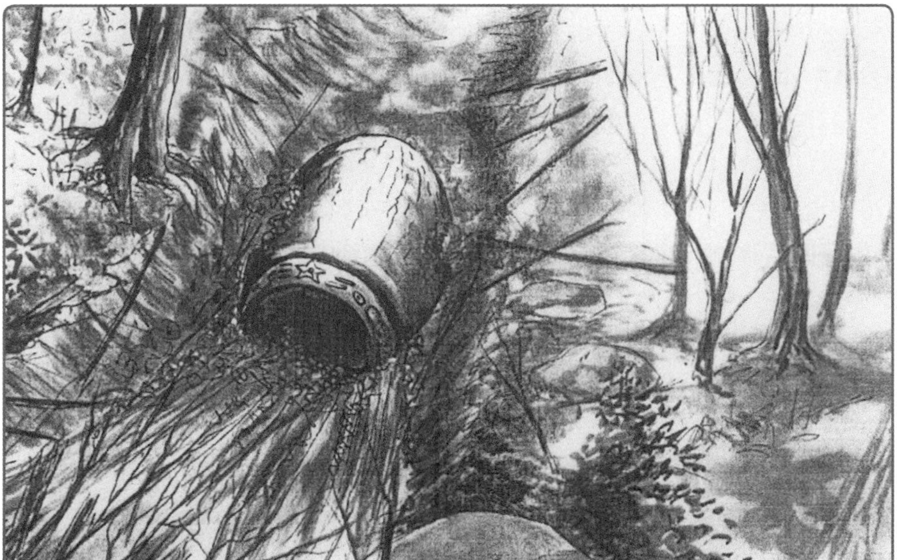

Zeichnung des aufgefundenen Kecksburg-Objekts nach Zeugenangaben. (Quelle: Stan Gordon)

Wölbung ganz um dieses Ding herum. Es war eingebeult und hatte eine ganz besondere Farbe. Es sah aus wie aus Bronze oder Kupfer. Die Farbe ist wirklich sehr schwer zu beschreiben."

Nach einiger Zeit, so Romansky und andere Zeugen, trafen plötzlich bewaffnete US-Soldaten in Kecksburg ein. Sie hatten Lastwagen und anderes schweres Gerät bei sich. Ein Zeuge bestätigte: *„Das Militär kam und wir standen unter Kriegsrecht."* Dazu Jim Romansky:

„Plötzlich kamen zwei Jungs in die Wälder mit Mantel und Bürstenschnitt und sie waren sehr zielstrebig. Einer sah sich um, er sah den abgestürzten Gegenstand, er sah dann uns und in einem militärischen Tonfall verkündete er: Das Gebiet ist nun Sperrzone und jeder hat es sofort zu verlassen."

Romansky und andere Zeugen berichteten, dass das Objekt nur wenige Stunden an seinem Absturzort liegen blieb. Die Soldaten haben es sehr schnell geborgen und brachten das Objekt auf einen Tieflader. Hierzu sagte Jim Romansky:

„Da kam ein riesiger Tieflader, da waren zwei Teile drauf und hinten war noch ein Motor zum Schleppen. So eine Art großer Abschleppwagen mit dem man Sachen hochziehen konnte. Am Heck von diesem Tieflader war diese große Plane, die dieses Objekt verhüllte. Und zwar vollkommen. Es hatte noch immer die gleichen Umrisse wie das Objekt. Ich konnte die Wölbung unter der Plane sehen. Man konnte die Form von diesem Objekt erahnen. Die Planen waren so eng gezurrt, dass man die Form erkennen konnte. Ich wusste: Das war der abgestürzte Gegenstand."

Spät an diesem Abend verließ der Militärtransporter, der das Objekt aufgeladen hatte, Kecksburg. Nach allen vorliegenden

Informationen fuhr der Laster noch an diesem Abend zur Luftwaffenbasis Lockbourne. Eine Luftwaffenbasis in Columbus, Ohio. Dort blieb aber das Objekt nur für kurze Zeit. Letztendlich wurde es dann zur Wright-Patterson Luftwaffenbasis nach Dayton, Ohio gebracht.

Forscher gehen davon aus, dass die US-Regierung von diesem Objekt wusste. Man benachrichtigte sehr schnell ein einsatzbereites Team, um das Objekt zu bergen. Seit das Objekt aus Kecksburg weggebracht wurde, wurde es offenbar nie wieder gesehen. Es schien völlig vergessen, aber für die Augenzeugen hatte das Ganze ein Nachspiel. Der Nachrichtenleiter eines Radiosenders - John Murphy – erkannte, dass es sich hier um eine sehr wichtige Angelegenheit handelte. Er begann intensive Nachforschungen anzustellen und hatte Kontakt und Interviews mit zahlreichen Zeugen des Vorfalles. Viele Zeugen sprachen auch von einer Schrift auf dem Gerät, und zwar auf der Wölbung am unteren Ende. Die Zeugen sagten, es handelte sich weder um japanische noch um chinesische Schriftzeichen oder Hieroglyphen. So etwas wie auf diesem Objekt hatten sie noch nie gesehen. Es wurde John Murphy auch gesagt, dass die Leute in Kecksburg Angst hatten, weil aufgrund der Soldaten im Ort, die Situation sehr angespannt war. Irgendetwas schien aber die Zeugen des UFO-Absturzes sehr einzuschüchtern. Einige von John Murphys Interview-Partnern bzw. Zeugen meldeten sich bei ihm und widerriefen ihre Aussagen. Man teilte ihm mit, dass man sich halt einfach geirrt habe. Diese Zeugen machten einen etwas verängstigten Eindruck auf ihn. Ganz offensichtlich hat auch hier das Militär - genauso wie im Fall Roswell - starken Druck auf die Zeugen ausgeübt. Irgendetwas Schwerwiegendes muss sich ereignet haben. Und zwar genau zwischen den Interviews und der geplanten

Sondersendung von John Murphy zum Thema im Radio. Dazu meinte der Zeuge Jim Romansky:

„Ich glaube, dass die anderen Leute eben auch wussten, dass da etwas sehr ungewöhnliches abgestürzt ist. Das Militär war in dieser Nacht überall. Die kannten jeden. Sie ermittelten jeden einzelnen, der etwas gesehen oder das ganze aus der Nähe miterlebt hatte. Allen wurde befohlen ihren Mund zu halten. Irgendwie hat man die Leute dazu gebracht zu schweigen.“

Offensichtlich verfolgte die US-Regierung hier eine ganz gezielte Politik. Da man offensichtlich weiß, dass einige UFO-Sichtungen tatsächlich außerirdisch sind, versucht man alles, um zu verhindern, dass die Wahrheit an die Öffentlichkeit gerät. Das Militär in Kecksburg wusste wahrscheinlich, dass sie es mit einem Raumschiff zu tun hatten. Was spricht aber noch dafür, dass das Kecksburg-Objekt, kein von Menschen geschaffenes Objekt war, sondern ein außerirdisches Raumschiff?

Später gab es einen Streit um die Glaubwürdigkeit. Manche Leute meinten, dass es vielleicht auch wirklich nur ein Meteorit war. Dazu der Hauptzeuge Romansky:

„Man fragte: Was zum Teufel war denn das überhaupt? Und irgendeiner brüllte zurück: Das war ein Meteorit. Ich schaute zu einem anderen Typ hinüber und wir fingen beide an schallend zu lachen. Denn es war kein Meteorit.“

Dann gab das Militär folgende Stellungnahme als „offizielle Erklärung“ an: Das Objekt war ein Meteorit. Was aber einen Meteoriten völlig ausschließt, war die Flugbahn des Objekts. Dieser helle Feuerball - also das Objekt - wurde zuerst in Kanada entdeckt, dann wurde es in vielen US-Staaten gesehen: Michigan, Indiana, Ohio und letztendlich Pennsylvania. Eine große Anzahl von Menschen hat tatsächlich etwas gesehen. Egal, was nun dieses Objekt von Kecksburg war, es machte während des Fluges verschiedene Drehungen und Richtungsänderungen. Und das macht ein Meteorit nicht. Meteoriten sind Gesteinstrümmer, die in der Erdatmosphäre verglühen. Sie stürzen zum einen mit einer sehr hohen Geschwindigkeit zur Erde und zum anderen wechseln sie nicht ihre Richtung. Besagte Augenzeugen bemerkten, dass sich das Objekt, als es herunterkam, sehr langsam bewegte. Sie sahen auch keinen Meteoritenschweif, sondern am Schluss nur eine einzelne Stichflamme.

Wenn man das alles zusammennimmt: Wir haben hier ein brennendes Objekt, das scheinbar eine kontrollierte Landung vollbrachte; wir haben hier einen Metallkörper, der keine Schweißnähte aufwies; es waren seltsame unbekannte Zeichen auf dem Objekt; das US Militär, das sehr schnell vor Ort war. Dies scheint ja alles auf Tatsachen zu beruhen. Die Zeugen sagten aus, dass das Militär sehr schnell in Kecksburg vor Ort war. Sie sagten auch aus, dass die Soldaten scheinbar in Schüben ankamen, möglicherweise kamen sie von verschiedenen Militärstandorten. Bei einem Meteoritenaufprall wäre die Armee nicht so schnell vor Ort gewesen.

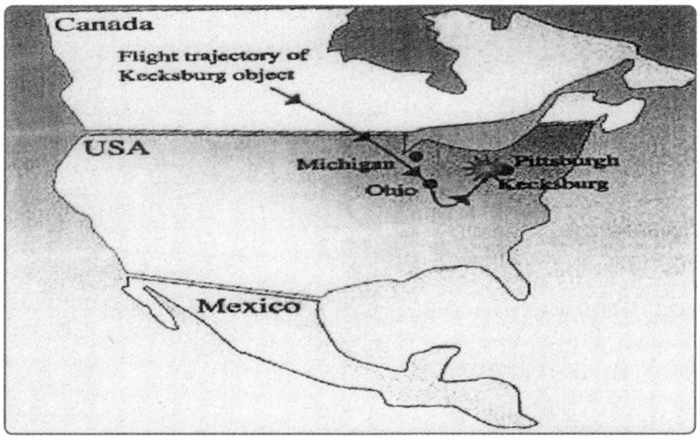

Die seltsame Flugbahn des Kecksburg-UFOs. Über Ohio machte das Objekt plötzlich eine 90-Grad-Änderung der Flugrichtung. Einen Meteoritenabsturz kann man damit ausschließen.
(Quelle: Archiv Oliver Gerschitz)

Kriegsrecht in Kecksburg

Nach der Aussage von Jim Romansky kamen die Militärs in die Stadt und nahmen sofort ein bestimmtes, zentrales Gebäude ein:

„Wir erreichten das Gebäude der Feuerwehr. Ich sage Dir, Du konntest glauben, da hätte eine Invasion stattgefunden. Ich meine, da waren Jeeps und Autos und Laster überall auf dem Platz. Überall waren Uniformen zu sehen. An der Tür standen zwei bewaffnete Wachposten. Man ließ uns dort nicht einmal auf die Toilette gehen. Es hat mich alles sehr stark an den Krieg erinnert. Soldaten fallen ein und erklären das Kriegsrecht.“

Laut Aussage eines Forschers gibt es schon seit vielen Jahren ein System für die Bergung von extraterrestrischen Objekten. Dazu gehören auch die Instandhaltung von Bergungstrupps, die sofort vor Ort sein können, wenn etwas passiert. Allerdings werden diese Trupps nur eingesetzt, wenn etwas wirklich Wichtiges passiert. Aber was sagt das US-Militär selbst zu diesem Vorfall in Keckburg? Der Forscher Stan Gordon fand Unterlagen über das 662. Radar-Geschwader der Luftwaffe. Dieses Geschwader wurde auch als Überwachungsgeschwader bezeichnet. Die Dokumente beweisen, dass einige Einheiten dieses Geschwaders direkt beim Einsatz in Keckburg beteiligt waren. Allerdings wurden in den archivierten Aufzeichnungen des Militärs vom Dezember 1965 keine entsprechenden Einträge gefunden. Insider denken, man hat die ganze Aktion für geheim erklärt, deswegen werden auch keine offiziellen Unterlagen darüber gefunden. Interessant ist, dass nach so vielen Jahren noch immer keinerlei Informationen über diesen Vorfall an die Öffentlichkeit freigegeben wurden. Was ist bis heute so geheim am Keckburg-Vorfall, das man nichts freigeben kann?

Plötzlich gab es Berichte über einen geheimen russischen Satelliten, der eventuell abgestürzt sein könnte. War also das Objekt von Kecksburg eine defekte russische Raumsonde? Aber

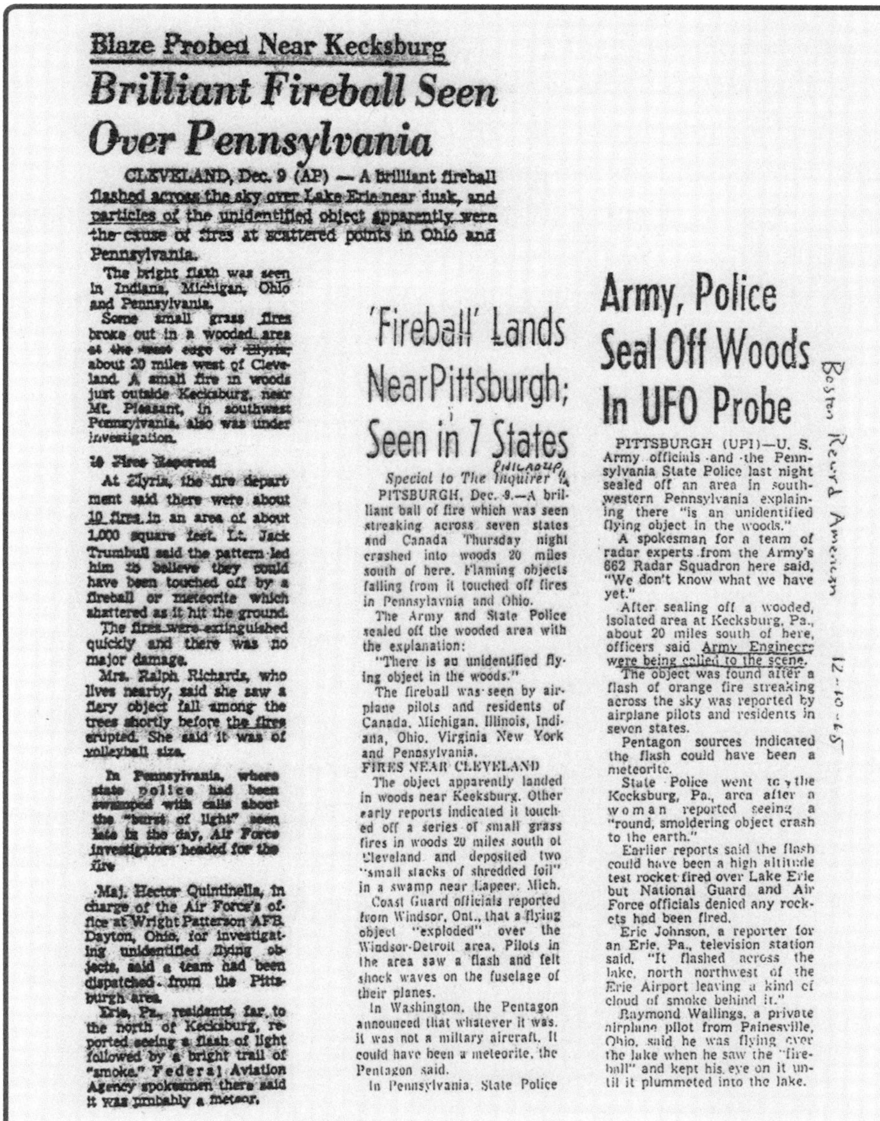

Blaze Probed Near Kecksburg

Brilliant Fireball Seen Over Pennsylvania

CLEVELAND, Dec. 9 (AP) — A brilliant fireball flashed across the sky over Lake Erie near dusk, and particles of the unidentified object apparently were the cause of fires at scattered points in Ohio and Pennsylvania.

The bright flash was seen in Indiana, Michigan, Ohio and Pennsylvania.

Some small grass fires broke out in a wooded area at the west edge of Elyria, about 20 miles west of Cleveland. A small fire in woods just outside Kecksburg, near Mt. Pleasant, in southwest Pennsylvania, also was under investigation.

10 Fires Reported

At Elyria, the fire department said there were about 10 fires in an area of about 1,000 square feet. Lt. Jack Trumbull said the pattern led him to believe they could have been touched off by a fireball or meteorite which shattered as it hit the ground.

The fires were extinguished quickly and there was no major damage.

Mrs. Ralph Richards, who lives nearby, said she saw a fiery object fall among the trees shortly before the fires erupted. She said it was of volleyball size.

In Pennsylvania, where state police had been swamped with calls about the "burst of light" seen late in the day, Air Force investigators headed for the fire.

Maj. Hector Quintinella, in charge of the Air Force's office at Wright Patterson AFB, Dayton, Ohio, for investigating unidentified flying objects, said a team had been dispatched from the Pittsburgh area.

Erie, Pa., residents, far to the north of Kecksburg, reported seeing a flash of light followed by a bright trail of "smoke." Federal Aviation Agency spokesmen there said it was probably a meteor.

'Fireball' Lands Near Pittsburgh; Seen in 7 States

Special to The Inquirer

PITSBURGH, Dec. 9.—A brilliant ball of fire which was seen streaking across seven states and Canada Thursday night crashed into woods 20 miles south of here. Flaming objects falling from it touched off fires in Pennsylavnia and Ohio.

The Army and State Police sealed off the wooded area with the explanation:

"There is an unidentified flying object in the woods."

The fireball was seen by airplane pilots and residents of Canada, Michigan, Illinois, Indiana, Ohio, Virginia New York and Pennsylvania.

FIRES NEAR CLEVELAND

The object apparently landed in woods near Keeksburg. Other early reports indicated it touched off a series of small grass fires in woods 20 miles south of Cleveland and deposited two "small stacks of shredded foil" in a swamp near Lapeer, Mich.

Coast Guard officials reported from Windsor, Ont., that a flying object "exploded" over the Windsor-Detroit area. Pilots in the area saw a flash and felt shock waves on the fuselage of their planes.

In Washington, the Pentagon announced that whatever it was, it was not a military aircraft. It could have been a meteorite, the Pentagon said.

In Pennsylvania, State Police

Army, Police Seal Off Woods In UFO Probe

PITTSBURGH (UPI)—U. S. Army officials and the Pennsylvania State Police last night sealed off an area in southwestern Pennsylvania explaining there "is an unidentified flying object in the woods."

A spokesman for a team of radar experts from the Army's 662 Radar Squadron here said, "We don't know what we have yet."

After sealing off a wooded, isolated area at Kecksburg, Pa., about 20 miles south of here, officers said Army Engineers were being called to the scene.

The object was found after a flash of orange fire streaking across the sky was reported by airplane pilots and residents in seven states.

Pentagon sources indicated the flash could have been a meteorite.

State Police went to the Kecksburg, Pa., area after a woman reported seeing a "round, smoldering object crash to the earth."

Earlier reports said the flash could have been a high altitude test rocket fired over Lake Erie but National Guard and Air Force officials denied any rockets had been fired.

Eric Johnson, a reporter for an Erie, Pa., television station said, "It flashed across the lake, north northwest of the Erie Airport leaving a kind of cloud of smoke behind it."

Raymond Wallings, a private airplane pilot from Painesville, Ohio, said he was flying over the lake when he saw the "fireball" and kept his eye on it until it plummeted into the lake.

Boston Record American 12-10-65

Mehrere Tageszeitungen berichteten über den Kecksburg-Absturz.

(Quelle: Pennsylvania Association for the Study of the Unexplained)

da nach so vielen Jahren beide Regierungen, sowohl die amerikanische als auch die russische, keinerlei Informationen zu einem möglichen Vorfall mit einer sowjetischen Raumkapsel bestätigen, kann man diese Möglichkeit ablegen. Denn nach so langer Zeit könnte man ganz normal über einen solchen Vorfall sprechen. Was auch gegen einen russischen Satelliten spricht, ist die relativ sanfte Landung des Objekts. Satelliten sind nicht für eine sanfte Landung ausgelegt. Das Objekt wäre, wenn es nicht ganz verglüht ist, mit enormem Tempo eingeschlagen. Wenn es wirklich eine russische Sonde gewesen ist, würde sich allerdings auch die seltsame Schrift erklären lassen, die auf dem Objekt zu sehen war. Der Zeuge Jim Romansky sagte dazu folgendes:

„Naja, das sah aus wie Kreise, Sterne, Striche und alle möglichen Zeichen. Mein Vater kommt ursprünglich aus Kiew. Ich ging einmal zu ihm und sagte: Vater, Du kannst polnisch und russisch lesen und schreiben. Ja, sagte mein Vater, natürlich. Und ich sagte: Schreib was in beiden Sprachen, schreib irgendetwas. Die polnische und russische Schrift die ich sah, hatte mit den Zeichen auf dem Objekt überhaupt keine Ähnlichkeit."

Die simple Tatsache, dass sich der Absturz eines Satelliten (Kosmos 1996) und des Objekts von Kecksburg am selben Tag ereigneten, ließ die meisten Leute glauben, es handelte sich um dasselbe Objekt. Die Zeugenaussagen belegen aber etwas anderes.

Wright-Patterson und das Kecksburg-UFO

Der Hauptuntersucher des Kecksburg-Falls, Stan Gordon, teilte dem bekannten, jetzt leider bereits verstorbenen UFO-Forscher Leonard H. Stringfield 1990 mit, dass ein neuer wichtiger Zeuge mit dem Vornamen „Myron" aufgetaucht ist, der das Objekt später auf staatlichem Gelände neben der Luftwaffenbasis Wright-Patterson gesehen hatte. Auch dieser Zeuge beschrieb das Objekt als glockenförmig. Stringfield war nach einigen Recherchen und Interviews von der Glaubwürdigkeit dieses Zeugen überzeugt. „Myron" war Lastwagenfahrer in der Tonschiefer-, Fliesen- und Backsteinfirma seines Cousins. Die Aussagen von Myron wurden dann später auch von einem weiteren Zeugen bestätigt. Myron gab an, dass er und sein Cousin nur zwei oder drei Tage nach dem Ereignis in Kecksburg eine große Lieferung speziell glasierter Backsteine zur Wright-Patterson Luftwaffenbasis transportierten. Bestellt wurden diese Backsteine von der Marine, welche im Vorfeld einen Abgesandten zur Backsteinfirma schickte, um die Backsteine auszusuchen. Es handelte sich bei den Backsteinen um „doppelt glasierte Konstruktionsziegel". Laut Myrons Aussagen wollte die Marine damit eine starke, bleiversiegelte Ummantelung um das UFO bauen, welche als Schutzschild gegen gefährliche Strahlung geplant war. Diese Ummantelung sollte innerhalb eines bereits bestehenden Gebäudes gebaut werden, welches der Zeuge auf eine Größe von etwa fünfzehn mal fünfundzwanzig Meter schätzte. Dieses Gebäude konnte über eine enge, geteerte Zufahrt erreicht werden.

Die Spezial-Backsteine wurden um ca. 13:30 Uhr an einem bestimmten Tor angeliefert. Bei diesem Tor wurden die beiden Tieflader bereits von Wachsoldaten erwartet. Innerhalb des

Geländes wurden die beiden mit Ihren Tiefladern von einem General und dessen Fahrer zum Zielgebäude gelotst. Man wies Ihnen dann Ihre Parkplätze zu. Laut dem Zeugen waren die einzigen Soldaten in der Nähe vier oder fünf Männer, welche wie aufgescheuchte Hühner umherrannten. Diese Soldaten trugen Helme mit Visieren, weiße Overalls, Gummihandschuhe und Gummistiefel. Jeder von Ihnen war mit einem Revolver bewaffnet. Myron gab an: *„In dem Gebäude waren aber noch mehr Leute, die kümmerten sich aber nicht um mich oder die Backsteine, die waren nur an dem Objekt in dem Gebäude interessiert."* Beim Abladen der Backsteine bemerkte der Zeuge, dass die Soldaten das Gebäude häufig verließen, um ihre Schutzkleidung vollständig

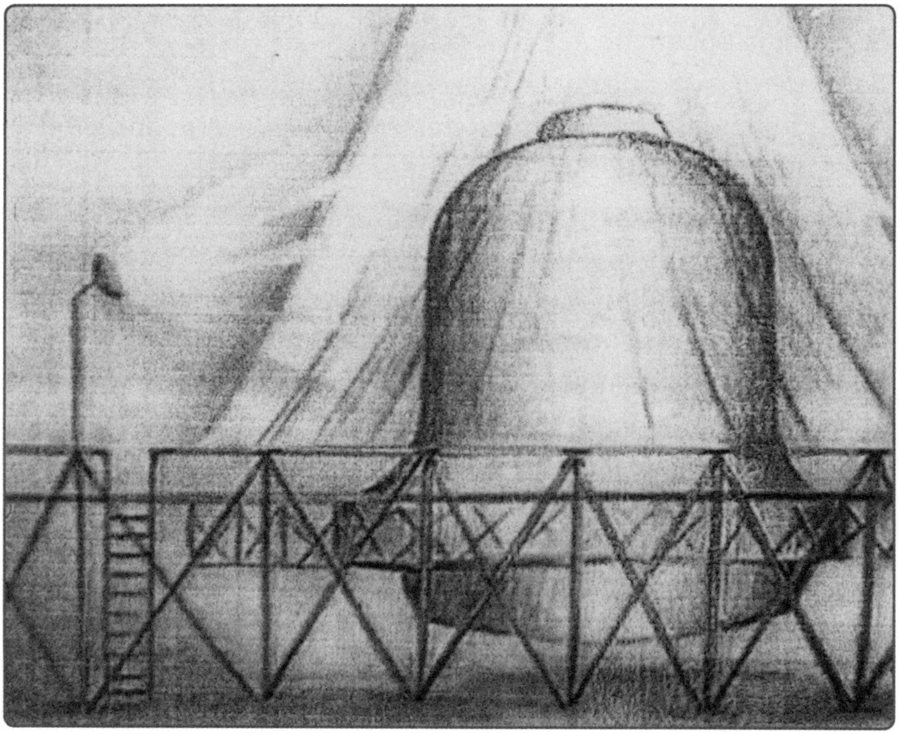

So sah der Zeuge Myron das Kecksburg-Objekt, als er es auf der Wright-Patterson Luftwaffenbasis entdeckte.
(Quelle: Charles Hanna)

zu wechseln. Am meisten überraschte ihn, dass es keine Soldaten der Luftwaffe, sondern der Marine waren. Schließlich waren sie ja auf einer Luftwaffenbasis. Bei einer kurzen Arbeitspause wurde Myron neugierig, und es gelang ihm, sich der Eingangstür des Gebäudes unbemerkt zu nähern und hineinzuspähen. Er konnte die Männer bei der Arbeit sehen. Zwei der Männer standen auf einem Metallgerüst, welches um das Objekt herum aufgebaut war. Auf dem Boden stand eine Leiter und auf den Planken des Gerüsts eine weitere, deren oberes Ende mit dem oberen Ende des UFOs abschloss. Warum Fallschirmseide von der Decke hing, welche das Objekt zum Teil verhüllte, konnte sich der Zeuge auch nicht erklären. Myron gab an, dass er für wenige Sekunden „alles" sehen konnte. Über dem Objekt hing ein starkes Flutlicht, welches die Glockenform des UFOs klar erkennen ließ. Auf die Größe des Objekts angesprochen sagte Myron: *„Es war mindestens drei Meter hoch und weniger als drei Meter breit. Die Metallhaut war verkohlt oder schien von Ruß bedeckt zu sein. Von der Farbe her sah es aus wie mattes Kupfer oder Bronze."* Obwohl er wusste, dass er das nicht darf, fragte Myron einen der Männer, warum er eine Acetylenlampe verwendet. Dazu Myron weiter: *„Wahrscheinlich dachte der, ich hätte als Anwesender eine Zugangsberechtigung, und daher sagte mir der Mann mit dem Schutzvisier, dass er versuche hineinzukommen."* Außerdem sagte der Mann noch: *„Alle Versuche mit Diamantbohrern und Säuren sind fehlgeschlagen. Also, wenn da Leichen drin wären, dann wären die wahrscheinlich zu heiß für den Leichenbestatter."* Plötzlich hörte Myron die laute Stimme eines Wachsoldaten, der ihn fragte, was er hier zu suchen hatte. Er machte Myron klar, dass er sich umgehend wieder an die Arbeit machen soll. In einem lauten Befehlston brüllte er Myron an: *„Vergiss was Du gesehen hast, oder wir sperren Dich ein und werfen die Schlüssel weg!"*

Der zweite Zeuge, Myrons Cousin, bestätigte die Angaben später gegenüber Leonard Stringfield. Ganz offensichtlich handelte es sich um kein irdisches, bekanntes Objekt, da die Militärs ganz offensichtlich nicht wussten, wie man es öffnen kann. Aber könnte es sein, dass es noch eine ganz andere Möglichkeit bezüglich der Herkunft des Kecksburg-Objekts gibt?

Kecksburg und „Die Glocke“

Es gibt sehr viele Informationen zu sogenannten „Wunderwaffen“, welche im Dritten Reich gebaut worden sind. In meinem Buch „Verschlusssache Philadelphia-Experiment“ bin ich schon sehr ausführlich auf diesen zeitgeschichtlichen Aspekt eingegangen. Eine dieser experimentellen Wunderkonstruktionen war die sogenannte „Glocke“, ein bronzefarbenes Fluggerät mit etwa drei Metern Durchmesser, dessen Kern ein Antigravitationsantrieb mit einem elektrisch aufgeladenen Wirbel gewesen sein soll.

Das Geheimprojekt „Glocke“ wurde durch den polnischen Journalisten Igor Witkowski in seinem Buch „Die Wahrheit über die Wunderwaffe“ (in Deutschland als dreiteiliges Werk erschienen) veröffentlicht. In seinem Buch bezieht sich Witkowski auf ein Verhör-Protokoll des SS-Gruppenführers Jakob Sporrenberg, das Witkowski durch einen Mitarbeiter des polnischen Geheimdienstes erhalten haben will. Witkowski durfte sich allerdings nur eine Abschrift des Protokolls machen. Bei dem sogenannten „Henge“ handelt es um einen von quaderförmigen Säulen getragenen Betonkreis, welcher in der Nähe von „Ludwikowice Ktodzkie“ im heutigen Polen zu finden ist. Bei diesem „Henge“ soll es sich um die Ruinen der einstigen Versuchsanlage für die „Glocke“ handeln. Nicht allzu weit entfernt davon befindet sich auch die „Anlage Riese“, ein großes, komplexes Stollensystem, das die Nazis

Der SS-General Hans Kammler.
(Quelle: Archiv Oliver Gerschitz)

während des Zweiten Weltkriegs gebaut haben. Die gesamte Geheimaktion um das Unternehmen „Glocke“ wurde durch den SS-General Hans Kammler geleitet. Kammler war zum Ende des Zweiten Weltkriegs nicht nur Architekt und SS-Obergruppenführer, sondern auch Chef sämtlicher Spezialwaffen-Programme des Dritten Reiches. Angeblich soll sich Kammler zum Ende des verlorenen Krieges umgebracht haben, hierfür gibt es aber keine Beweise. Er galt offiziell als verschollen, persönliche Gegenstände oder eine Leiche wurden nie gefunden. Aus den USA kamen dann vor ein paar Jahren interessante Informationen ans Tageslicht. Ein Zeitzeuge mit dem Namen Donald W. Richardson lag auf dem Sterbebett, als er einem seiner Söhne erzählte, dass er zu Kriegsende Hans Kammler im Rahmen der Geheimoperation „Paperclip“ in die USA brachte. Nach unzähligen Verhören soll Kammler etwa zwei Jahre später in einem US-Hochsicherheitsgefängnis gestorben sein. Die Betonung liegt hier auf „soll“.

Die Ähnlichkeit des Objekts von Kecksburg und dem Geheimprojekt „Glocke“, ist – was die äußere Erscheinung betrifft – absolut gegeben. Aber warum soll das Objekt dann zwanzig Jahre nach Kriegsende plötzlich abstürzen. Wenn es von den Amerikanern nachgebaut worden wäre, hätte man es sicher nicht im Nordosten der USA getestet. Außerdem wussten die Einsatzkräfte auf der Wright-Patterson Luftwaffenbasis nicht, wie man dieses Ding öffnen konnte. Möglicherweise handelt es sich bei der Ähnlichkeit des Kecksburg-UFOs zur „Glocke“ auch wirklich nur um einen Zufall. Wer weiß...

III

DER KALAHARI-ZWISCHENFALL

„Nach meiner Auffassung ist der Kalahari-Zwischenfall genauso bedeutungsvoll wie Roswell 1947."
(Anthony Dodd, Hauptuntersucher)

Der Abschuss eines außerirdischen Flugobjekts am 7. Mai 1989 durch ein südafrikanisches Kampfflugzeug und seine Folgen...

Tony Dodd und ein mysteriöser Brief

An einem selbst für hiesige Verhältnisse sehr warmen Julimorgen im Jahr 1989 flatterte dem Direktor für Forschung und Ermittlung der UFO-Forschungsgesellschaft „QUEST-International", Anthony Dodd, ein Brief aus dem fernen Südafrika ins Haus.

Zu diesem Zeitpunkt hatte der ehemalige Polizei-Sergeant Anthony Dodd bereits einige interessante Berührungspunkte mit dem UFO-Phänomen. 1978 hatte eine britische Polizeipatrouille auf einer entlegenen Landstraße im Cononley-Moor in der englischen Grafschaft „North Yorkshire" eine nahe Begegnung mit einem bis heute unidentifizierten Flugobjekt - einem UFO. Einer der beiden Beamten, Tony Dodd, der durch dieses Erleb-

Ex-Police-Sergeant Anthony „Tony" Dodd.
(Quelle: UFO MAGAZINE)

nis zu einem der führenden UFO-Forscher Englands wurde, war Augenzeuge dieser hochinteressanten UFO-Sichtung. Seit dieser Zeit war Sergeant Dodd sehr am UFO-Thema interessiert. Als Tony Dodd 1988 in den Ruhestand trat, beschloss er, sich völlig seinem „kosmischen Hobby“, den UFOs, zu widmen und wurde zu einem der führenden britischen UFO-Forscher als Ermittlungschef der Forschungsgesellschaft „QUEST-International“.

Doch nun zurück zu dem Schreiben aus Südafrika. Es handelte sich um ein sehr ungewöhnliches Schreiben, in dem der Verfasser behauptete, dass am 7. Mai des selben Jahres ein Kampfflugzeug der südafrikanischen Luftwaffe ein UFO abgeschossen habe, welches daraufhin in die Kalahari-Wüste stürzte. In dem Brief wurde weiter ausgeführt, dass das UFO intakt mit zwei Außerirdischen, die den Absturz überlebt hätten, geborgen worden war. Das Raumschiff und die Insassen wurden zu einer südafrikanischen Luftwaffenbasis gebracht. Nachdem eine Spezial-Truppe aus den Vereinigen Staaten in Südafrika eingetroffen war, wurden sowohl das UFO als auch die Insassen dem US-Militär übergeben und in die Wright-Patterson Luftwaffenbasis nach Dayton (Ohio) geflogen. Da er befürchtete, dass sein Brief abgefangen werden könnte, nannte der Verfasser desselben weder seinen Namen noch seine Adresse. Allerdings versprach er mit getrennter Post ein paar Informationsseiten der Regierung zu senden.

Tony Dodd zitierte später aus dem Brief seiner südafrikanischen Kontaktperson:

„Der südafrikanische Geheimdienst verfügt weder über die Einrichtungen noch über die Kenntnisse, um diese Sache alleine zu handhaben. Dem Kommandanten des Stützpunktes zufolge ist das das dritte Raumschiff, das auf dem südafrikanischen Konti-

nent im Laufe der vergangenen zehn Jahre geborgen wurde. Wir wurden angewiesen alles verdeckt zu halten, da es in einem orthodox religiösen Land zu einer Panik führen könnte. Man sagte uns, man würde uns über alle weiteren Entwicklungen auf dem Laufenden halten.

Ich hoffe, dass dieser Brief sie unversehrt erreicht, denn sollte er abgefangen werden, werde ich große Schwierigkeiten bekommen. Leider war es uns aus offensichtlichen Gründen nicht erlaubt Kameras mitzunehmen. Mit getrennter Post schicke ich Ihnen einige für die Regierung gedachte Ausfertigungen der Informationsnoten. Ich kann diese Dokumente für den Fall, dass der Brief abgefangen werden sollte, nicht mit meinem Namen oder meiner Adresse versehen."

Zwei Wochen später bekam Tony Dodd dann tatsächlich ein Päckchen aus Südafrika. Es enthielt sechs Seiten (fünf Seiten plus ein Deckblatt) eines angeblichen Informationsdokumentes der südafrikanischen Luftwaffe und einen weiteren Brief. Tony schaltete sofort seinen Kollegen H. Azadehdel ein, um die Dokumente und deren Wahrheitsgehalt zu überprüfen. Das sechsseitige Dokument, das den Aufdruck „South African Air Force" trug, offenbarte Einzelheiten des Vorfalls, der Umstände der Bergung, sowie der Wesen, welche in dem Objekt gefunden wurden.

Diese Unterlagen führten zu intensiven geheimen Ermittlungen und sie waren der Auslöser, der Anthony Dodd in die dunkle Welt der Geheimdienste, der protektionistischen Politik und der diplomatischen Spionage führte. Am Ende war es auch der Grund für die Bedrohung seines eigenen Lebens.

Die südafrikanische Luftwaffe schießt ein UFO ab

Hier ist nun der Inhalt des sechsseitigen Dokuments. Die Abbildungen der Originaldokumente finden sie im Anschluss an die deutsche Übersetzung.

Das Deckblatt des Dokuments hatte folgenden Aufbau:

SÜDAFRIKANISCHE LUFTWAFFE

DIESE AKTE WURDE KLASSIFIZIERT VON D. A. F. I.

INFORMATION DARF NICHT ENTHÜLLT WERDEN –
STRENG GEHEIM

„Seite 1" des Dokuments:

SÜDAFRIKANISCHE LUFTWAFFE

ALS STRENG GEHEIM KLASSIFIZIERT –
DARF NICHT ENTHÜLLT WERDEN

ABTEILUNG FÜR SPEZIELLE NACHFORSCHUNGEN
UND UNTERSUCHUNG (DSIR)

ABTEILUNG DES LUFTWAFFENGEHEIMDIENSTES (DAFI)

DATUM:	7. Mai 1989
THEMA:	Unidentifiziertes Flugobjekt
CODENAME:	SILBERNER DIAMANT

AKTEN NUMMER: 2346-A2-1C
BESTIMMUNG: Valhalla Luftwaffenbasis, Pretoria
KLASSIFIZIERUNG: ROT/STRENG GEHEIM
BESCHRÄNKER ZUGANG: Erleuchtete Neun

PRIORITÄTS CODE: D4
SPEKTRUMSZUTEILUNG: Blau
VERTEIDIGUNGS-COMPUTERPASSWORT
- VORSICHTIG FORTFAHREN

INHALTSVERZEICHNIS: Fallgeschichte
Objekt Spezifizierung
Humanoide Wesen Spezifizierung
Schlussfolgerung

ALS STRENG GEHEIM KLASSIFIZIERT –
DARF NICHT ENTHÜLLT WERDEN

„Seite 2" des Dokuments:

ALS STRENG GEHEIM KLASSIFIZIERT –
DARF NICHT ENTHÜLLT WERDEN

FALLGESCHICHTE:

Um 13:45 Uhr GMT am 7. Mai 1989 meldete die Marinefregatte „SA Tafelberg" dem Marinehauptquartier in Kapstadt ein unidentifiziertes Flugobjekt, das auf Radar geortet worden war und sich in nordwestlicher Richtung mit einer kalkulierten Geschwindigkeit von 10.421 km/h dem afrikanischen Kontinent näherte. Das Marinehauptquartier registrierte die Meldung und bestätigte, dass das Objekt ebenso durch Luft-Radar, militärische Bodenradarstationen und dem „D.F. Malan - Internationalen Flughafen" in Kapstadt geortet wurde.

Das Objekt trat um 13:52 Uhr GMT in den südafrikanischen Luftraum ein. Es wurde versucht, Funkkontakt aufzunehmen, aber alle Kommunikationsversuche erwiesen sich als vergeblich. Die Valhalla Luftwaffenbasis wurde informiert und zwei bewaffnete Mirage FIIG-Kampfflieger hochgeschickt. Das Objekt veränderte plötzlich seinen Kurs mit einer Geschwindigkeit, die für jedes Kampfflugzeug unmöglich zu erreichen wäre.

Um 13:59 Uhr GMT meldete Schwadronführer Goosen, dass sie das Objekt auf Radar und visuell geortet hätten. Es wurde der Befehl erteilt, mit der experimentellen, flugzeuggetragenen Thor 2-Laserkanone auf das Objekt zu feuern. Der Befehl wurde ausgeführt.

Schwadronführer Goosen berichtete, dass helle Lichtblitze von dem Objekt ausgingen. Das Objekt begann zu schlingern, während es noch immer seinen Nord-Kurs beibehielt. Um 14:02 Uhr wurde gemeldet, dass das Objekt um 1000 Meter pro Minute an Höhe verlor. Dann stürzte es mit großer Geschwindigkeit in einem 25-Grad-Winkel auf die Erde und schlug in einem Wüstengebiet 80 Kilometer nördlich der südafrikanischen Grenze zu Botswana ein, in der zentralen Kalahari-Wüste. Schwadronführer Goosen erhielt Anweisung, das Gebiet zu umkreisen bevor eine Bergung des Objekts durchgeführt werden konnte. Eine Gruppe Luftwaffen-Nachrichtendienstoffiziere wurde zusammen mit medizinischem und technischem Personal sofort zur Absturzstelle gebracht, um die Untersuchungen und Bergungsarbeiten durchzuführen. Dabei entdeckte man:

1) Einen Krater von 150 m Durchmesser und 12 m Tiefe.

2) Ein silbernes-, scheibenförmiges Objekt, das in einem Winkel von 45 Grad in einer Seite des Kraters steckte.

3) Um das Objekt herum waren Sand und Felsen durch eine intensive Hitze zusammengeschmolzen.

4) Ein intensives magnetisches und radioaktives Feld um das Objekt führte zum Ausfall von Luftwaffenausrüstungen.

5) Der Leiter des Bergungsteams veranlasste, dass das Objekt zu weiteren Untersuchungen in die Sicherheitszone einer klassifizierten Luftwaffenbasis gebracht wurde.

Das Aufschlaggebiet wurde mit Sand und Geröll zugedeckt, um jede Spur zu verwischen, die darauf hindeuten könnte, dass dieser Vorfall sich hier zugetragen hat.

Seite 2

ALS STRENG GEHEIM KLASSIFIZIERT –
DARF NICHT ENTHÜLLT WERDEN

„Seite 3“ des Dokuments:

ALS STRENG GEHEIM KLASSIFIZIERT –
DARF NICHT ENTHÜLLT WERDEN

OBJEKT SPEZIFIZIERUNG

Die folgenden Spezifizierungen sind das Ergebnis der ersten Untersuchungen auf der klassifizierten Luftwaffenbasis.

OBJEKTTYP: Unbekannt-vermutlich außerirdisch.

HERKUNFT: Unbekannt-vermutlich außerirdisch.

IDENTIFIZIERBARE MARKIERUNGEN:
Keine - Seltsames Zeichen in das Metall der Objektseite eingearbeitet.

FORMAT: Länge: ca. 20 m
Höhe: ca. 9,5 m
Gewicht: ca. 50.000 kg

HERSTELLUNGSMATERIAL:
Unbekannt. Erwarten Laborergebnisse. Außenfläche des Objekts ist makellos, poliert, silbern. Keine erkennbaren Fugen im Inneren oder auf der Außenoberfläche des Objekts. Von außen sind zwölf ovale Luken in die Objektoberfläche eingebettet.

ANTRIEBSWEISE: Unbekannt. Erwarten Laborergebnisse.

BEMERKUNGEN:

A) Eine Art hydraulische Landevorrichtung war vollständig ausgefahren, was darauf hindeutet, dass eine elektronische Fehlfunktionen zum Absturz des Objekts führte. Das kann seine Ursache darin haben, dass die Thor 2-Laserkanone auf das Schiff gefeuert wurde.

B) Während das Untersuchungsteam das Objekt auf der Luftwaffenbasis beobachtete, wurde ein lautes Geräusch wahrgenommen. Dann bemerkte man, wie sich langsam eine Luke oder ein Eingang auf der Unterseite des Objekts öffnete. Diese Öffnung wurde später mithilfe hydraulischer Druckpumpen erweitert.

Seite 3

ALS STRENG GEHEIM KLASSIFIZIERT –
DARF NICHT ENTHÜLLT WERDEN

„Seite 4" des Dokuments:

ALS STRENG GEHEIM KLASSIFIZIERT –
DARF NICHT ENTHÜLLT WERDEN

a) Zwei humanoide Wesen in eng anliegenden grauen Overalls traten heraus und wurden sofort in eine behelfsmäßig eingerichtete Krankenstation gebracht.

b) Verschiedene Gegenstände aus dem Inneren des Schiffes wurden zu Analysezwecken entfernt. Die Ergebnisse werden erwartet.

c) Das Schiff wurde in eine sterile Umgebung gebracht.

MEDIZINISCHER BERICHT ÜBER DIE HUMANOIDEN WESEN

URSPRUNG:	Unbekannt - vermutlich außerirdisch
GRÖSSE:	1,25 - 1,35 m
AUSSEHEN:	Gräulich-blau - weiche Hautstruktur, extrem elastisch.
HAARE:	Keinerlei Körperbehaarung.
KOPF:	Extrem Im Vergleich zu menschlichen Proportionen. Erhöhte Schädeldecke mit dunkelblauen Flecken rund um den Kopf.
GESICHT:	Auffällige Wangenknochen.
AUGEN:	Groß und nach oben hin zur Gesichtsseite geschlitzt. Keine Pupillen.
NASE:	Klein, besteht aus zwei Nasenlöchern.
MUND:	Kleiner Schlitz ohne Lippen.
UNTERKIEFER:	Klein, verglichen mit menschlichen Proportionen.
OHREN:	Nicht erkennbar.
HALS:	Sehr dünn, verglichen mit menschlichen Proportionen
KÖRPER/ARME:	Lang und dünn, bis über die Knie reichend.
TORSO:	Brust und Bauch mit schuppiger, gerippter Haut bedeckt.
HÜFTEN:	Schmal.

BEINE:	Kurz und dünn.
GENITALIEN:	Keine äußerlichen Sexualorgane.
FÜSSE:	Drei Zehen, keine Nägel, Schwimmhäute.
HÄNDE:	Bestehen aus drei Fingern, mit Schwimmhäuten, klauenartigen Nägeln.

ANMERKUNGEN:

Aufgrund der aggressiven Natur der Humanoiden konnten keine Blut-oder Hautproben entnommen werden (Ein Humanoide griff einen Arzt an und verursachte tiefe Kratzwunden an Gesicht und Hals). Als Ihnen verschiedene Arten Nahrung angeboten wurden, verweigerten sie das Essen.

Kommunikationsweise unbekannt - wahrscheinlich telepathisch.

Humanoide befinden sich derzeit in Verwahrungsarrest auf Ebene 6 der Luftwaffenbasis.

Um Überführung der beiden Humanoiden zum Zwecke weiterer Untersuchungen auf die Wright-Patterson Luftwaffenbasis in den USA wurde gebeten.

Seite 4

ALS STRENG GEHEIM KLASSIFIZIERT –
DARF NICHT ENTHÜLLT WERDEN

„Seite 5" des Dokuments:

ALS STRENG GEHEIM KLASSIFIZIERT –
DARF NICHT ENTHÜLLT WERDEN

SCHLUSSFOLGERUNG:

A) Es konnte noch zu keiner Schlussfolgerung gekommen werden. Die Ergebnisse der weiteren Untersuchungen werden abgewartet.

B) Das Objekt und die Humanoiden werden zum Zwecke weiterer Untersuchungen auf die Wright-Patterson Air Force Base überführt.

C) Transporttermin - 23. Juni 1989.

BEMERKUNGEN:

Die Schlussfolgerungen stehen noch offen.

Diese Akte beinhaltet die ersten Ergebnisse des vorläufigen Untersuchungsberichtes, weitere Details werden nach Beendigung der Untersuchungen in Südafrika und auf der Wright-Patterson Luftwaffenbasis, USA, erwartet.

ENDE DER VORLÄUFIGEN INFORMATIONSNOTE: SEITEN 1 – 5

Seite 5

ALS STRENG GEHEIM KLASSIFIZIERT –
DARF NICHT ENTHÜLLT WERDEN

SOUTH AFRICAN AIR FORCE

CLASSIFIED TOP SECRET - DO NOT DIVULGE

DEPARTMENT OF SPECIAL INVESTIGATIONS AND RESEARCH (DSIR)

DEPARTMENT OF AIR FORCE INTELLIGENCE (DAFI)

DATE:	7 May 1989
SUBJECT:	Unidentified Flying Object
CODE NAME:	SILVER DIAMOND
FILE NUMBER:	2346-A2-1C
DESTINATION:	Valhalla AFB - Pretoria
DESIGNATED CHANNEL:	RED/TOP SECRET
RESTRICTED ACCESS:	Illuminated Nine
PRIORITY CODE:	04
SPECTRUM LOT:	Blue

DEFENCE COMPUTER PASS CODE - PROCEED WITH CAUTION

CONTENTS: Case History
Craft Specifications
Humanoid Specifications
Conclusion

Die Seite 1 des angeblichen Informationsdokuments zum UFO-Crash in der Kalahari.
(Quelle: Archiv Oliver Gerschitz)

CLASSIFIED TOP SECRET - DO NOT DIVULGE

CASE HISTORY

At 13H45 GMT on 7 May 1989 the naval frigate "SA Tafelberg" radioed Cape Town naval headquarters to report an unidentified flying object that appeared on radar scopes, heading towards the African continent in a north westerly direction at a calculated speed of 5746 nautical miles per hour. Naval headquarters acknowledged. and confirmed that object was also tracked by air-borne radar, military ground radar installations and D.F. Malan international airport at Cape Town.

The object entered South African air space at 13H52 GMT. Radio contact was attempted with object, but all communications to object proved futile. Valhalla air force base was notified and two armed Mirage FIIG fighters were scrambled. The object suddenly changed course at great speed which would be impossible for military aircraft to duplicate.

At 13H59 GMT squadron leader Goosen reported that they had radar and visual confirmation of the object. The order was given to arm and fire the experimental aircraft mounted thor 2 laser canon at object. This was done.

Squadron leader Goosen reported that several blinding flashes eminated from the object. The object started wavering whilst still heading in a northerly direction. At 14H02 it was reported that the object was decreasing altitude at a rate of 3000 feet per minute. Then at great speed it dived at an angle of 25 degrees and impacted in desert terrain 80km north of South African border with Botswana, identified as the Central Kalahari Desert. Squadron leader Goosen was instructed to circle the area until a retreival of the object was complete. A team of airforce intelligence officers, together with medical and technical staff were promptly taken to area of impact for investigation and retreival.

The findings were as follows:

1) A crater of 150 metres in diameter and 12 metres in depth.

2) A silver coloured disc shaped object 45 degrees embedded in side of crater.

3) Around object sand and rocks were fused together by the intense heat.

4) An intense magnetic and radioactive environment around object resulted in electronic failure in air force equipment.

5) It was suggected by team leader that object be moved to a classified air force base for further investigation and this was done.

The terrain of impact was filled with sand and rubble to disguise all evidence of this event having ever taken place.

Page 2

CLASSIFIED TOP SECRET - DO NOT DIVULGE

Die Seite 2 des angeblichen Informationsdokuments zum UFO-Crash in der Kalahari.
(Quelle: Archiv Oliver Gerschitz)

CLASSIFIED TOP SECRET - DO NOT DIVULGE

CRAFT SPECIFICATIONS

The following are specifications as indicated by preliminary investigation at classified air force base.

TYPE OF CRAFT: Unknown - suspected extraterrestrial

ORIGIN: Unknown - suspected extraterrestrial

IDENTIFIABLE MARKINGS: None - curious insignia forged into metal on side of craft

DIMENSIONS: Length - 20 yards approximately
Height - 8.5 yards approximately
Weight - 50,000 kilograms estimated

MATERIAL OF CONSTRUCTION: Unknown - pending further laboratory results.

Outer surface of object flawless polished, smooth silver colour.

No visible seams noted inside or on outer surface of craft.

Perimeter showed 12 unevenly spaced, flush with outer surface oval shaped portholes.

SOURCE OF PROPULSION: Unknown - pending laboratory results.

NOTES

A. A hydraulic type landing gear was fully deployed suggesting that electronic malfunction caused object to crash. This may have been due also to Thor 2 laser canon being fired at craft.

B). While the investigating team observed the object at classified AFB, a loud sound was heard. It was then noted that a hatch or entrance on lower side of craft had opened slightly. This opening was later prized open with heavy mechanical gear.

Page 3

CLASSIFIED TOP SECRET - DO NOT DIVULGE

Die Seite 3 des angeblichen Informationsdokuments zum UFO-Crash in der Kalahari.
(Quelle: Archiv Oliver Gerschitz)

CLASSIFIED TOP SECRET - DO NOT DIVULGE

c) Two humanoid entities clothed in tight fitting grey suits emerged and was promptly taken to make shift medical centre, level 6 of classified AFB.

d) Various objects inside craft were taken for analysis and we are still pending results of these findings.

e) The craft has been placed in a sterile environment.

MEDICAL REPORT ON HUMANOID ENTITIES

ORIGIN:	Unknown - suspected extraterrestrial	
HEIGHT:	4-4,5 ft	
COMPLEXION:	Greyish-blue - skin texture smooth, extremely resilient	
HAIR:	Totally devoid of any bodily hair	
HEAD:	Oversize in relation to human proportions. Raised cranium area with dark blue markings extended around head	
FACE:	Prominent cheek bones	
EYES:	Large and slanted upwards towards side of face. No pupils seen.	
NOSE:	Small consisting of two nostrils	
MOUTH:	Small slit devoid of lips	
JAW:	Wide in relation to human proportions	
EARS.	None observed	
NECK:	Very thin in relation to human proportions	
BODY:	ARMS:	Long and thin reaching just above knees
	HANDS:	Consisting of 3 digits, webbed, claw like nails
	TORSO:	Chest and abdomen covered in scaley ribbed skin
	HIPS:	Small, narrow
	LEGS:	Short and thin
	GENITALS:	No exterior sexual organs
	FEET:	Consisting of 3 toes, no nails and webbed

NOTES.

Due to aggresive nature of the humanoids, no samples of blood or tissue could be taken. When offered various foods, they refused to eat.

Method of communication is not known and suspect telepathic.

Humanoids are kept in detention at classified AFB awaiting further results of investigations.

One way passage has been requested for both humanoids to Wright Patterson Air Force Base, USA for more advanced investigation and research.

Page 4

CLASSIFIED TOP SECRET - DO NOT DIVULGE

Die Seite 4 des angeblichen Informationsdokuments zum UFO-Crash in der Kalahari.
(Quelle: Archiv Oliver Gerschitz)

CLASSIFIED TOP SECRET - DO NOT DIVULGE

CONCLUSION:

A) No conclusion has been reached as yet. Awaiting results of investigations.

B) The object and humanoids will be moved to Wright Patterson AFB for more advanced investigation and research.

C) Date of passage - 23 June 1989.

NOTES:

Conclusion remains open ended.

This file contains initial findings of preliminary report and further details are expected after completion of investigations in South Africa and Wright Patterson AFB/USA.

END OF PRELIMINARY BRIEFING NOTES: PAGE 1-5

Page 5

CLASSIFIED TOP SECRET - DO NOT DIVULGE

Die Seite 5 des angeblichen Informationsdokuments zum UFO-Crash in der Kalahari.
(Quelle: Archiv Oliver Gerschitz)

Echte Informationen in gefälschten Dokumenten

Im weiteren Verlauf des Berichts zum Kalahari-Zwischenfall werde ich des Öfteren auf Informationen zurückgreifen, die in einer Sonderausgabe mit dem Titel „The Kalahari Conspiracy“ im englischen „UFO MAGAZINE“ enthalten waren. Das UFO MAGAZINE war die offizielle Publikation von „QUEST-International“. Es handelte sich bei dieser Spezialausgabe um die Ausgabe Mai/Juni 1993 (Volume 12 – Issue 2).

Zwar waren Anthony Dodd und H. Azadehdel sehr beeindruckt von den Informationen des Dokuments, doch fielen ihnen bereits beim ersten Hinsehen Unstimmigkeiten auch bezüglich der Beschaffenheit der Papiere und etliche Schreibfehler auf. Laut Tony Dodd hatten er und H. Azadehdel (alias Armen Victorian) niemals Zweifel daran, dass die vorgelegten Dokumente Fälschungen waren. Tony Dodd sagte:

„Es war offensichtlich, in diesem angeblichen Dokument waren viele Fehler, die offizielle militärische Dokumente nicht hätten. Von daher erschien uns die ganze Sache sofort verdächtig und wir fingen an es zu analysieren, wenn Sie so wollen“.

Den beiden Ermittlern fiel auf, dass zum Beispiel der Briefkopf der südafrikanischen Luftwaffe leicht getrübt war und nicht so klar wie der sonstige Text. Und „Kalahari“ wurde einmal als „Calahari“ mit „C“ geschrieben.

Mittlerweile hatte sich der geheimnisvolle Informant aus Südafrika als „J. H. van Greunen“ geoutet und kam nach England, um mit den beiden Ermittlern persönlichen Kontakt aufzunehmen. Van Greunen kam mit seiner Familie nach England und lebte fast zwei Wochen bei H. Azadehdel. Im Laufe dieser beiden Wochen wurden viele weitere Informationen, die der weiße Südafrikaner mitgebracht hatte, ausführlich untersucht. Doch van Greunens Rolle bei diesem Vorfall in der Kalahari weckte in den beiden Ermittlern von Anfang an Argwohn. Es gab verschiedene Dinge, die sie unabhängig voneinander entdeckt hatten und die nicht mit dem übereinstimmten, was van Greunen behauptete. Er bestand jedoch darauf - als man ihn auf die Fehler in den Dokumenten ansprach -, dass die Unterlagen echt seien. Ein UFO ist von einem Kampfflugzeug der südafrikanischen Luftwaffe abgeschossen worden und ist dann mit den Insassen am 23. Juni 1989 zur Wright-Patterson Luftwaffenbasis in Dayton (Ohio) geflogen worden. Trotz der offensichtlich falschen Dokumente enthielt der gesamte Fall dennoch so viele Informationen, um Tony davon zu überzeugen, weitere Ermittlungen anzustellen.

Als van Greunen bemerkte, dass man ihm nicht glaubt, wurde es erst richtig interessant! Als Beweis für die Echtheit des Falles gab er den britischen Ermittlern die Namen der Leute, die in Südafrika immer noch im dortigen Militär waren und bestätigen konnten, dass sich der Vorfall wirklich ereignet hat. Tony und Azadehdel erhielten die Möglichkeit, tatsächlich mit diesen Leuten Kontakt aufzunehmen. Nun hatten sie Namen von Personen. Sofort überprüften sie einen der Namen der ihnen gegeben worden war und stellen fest, dass dieser Mann tatsächlich beim südafrikanischen Militär in einer streng geheimen Position arbeitete. Sie konnten bestätigen, dass er mit dem „Central Military Intelligence Records Office“ des südafrikanischen Militärs zu tun hatte. Diese Abteilung des Militärgeheimdienstes ist für die Verwahrung und Sicherung der geheimdienstlichen Unterlagen verantwortlich.

Dann war man in der Lage, Kontakt mit einem Mann herzustellen, der zu diesem Zeitpunkt immer noch in einem der hochsensiblen Bereiche innerhalb des südafrikanischen Militärgeheimdienstes arbeitete. Van Greunen gab dessen geheimdienstliche Durchwahlnummer heraus. Als die beiden englischen Ermittler mit diesem Mann Kontakt aufnahmen, war er sehr, sehr schockiert. Man sagte ihm, dass man um den Vorfall in Südafrika weiß, und dass man das von einem Kollegen von ihm aus Südafrika gesagt bekommen hat. Von Anfang an wusste dieser Mann, dass das Ganze von van Greunen gekommen sein musste. Und genau diese Tatsache machte die ganze Angelegenheit äußerst interessant. Der Geheimdienstmitarbeiter war sehr verärgert über die Tatsache, dass man in der Lage war, mit ihm Kontakt aufzunehmen. Er war auch sehr verärgert darüber, dass überhaupt Informationen zu diesem Zwischenfall durchgesickert waren. Und ihn persönlich betreffend war es der Verrat vertraulicher Informationen, da er tatsächlich mit van Greunen über diesen Vorfall gesprochen hatte.

Hierbei ist aber wichtig zu erwähnen, dass er nun von dem Informationsleck wusste und sich der Situation ergab. Er sagte:

„Nun, Sie wissen von dem Vorfall. Nun gut, Sie haben das Recht die gesamte Akte zu sehen und diese Dinge haben sich mit Sicherheit ereignet. Wir haben Fotos, offizielle Fotos des abgestürzten Raumschiffes; wir haben offizielle Fotos der Außerirdischen usw. Wir haben auch ein Telex, das neunzig Seiten umfasst und vom Luftwaffenstützpunkt Wright-Patterson in Amerika gesandt worden war, um den zuständigen Stellen in Südafrika Anweisungen zu erteilen, wie in diesem besonderen Fall vorzugehen sei. Wie man mit solchen Dingen umgeht, wissen Sie.“

Nach einem ausführlichen Telefonat sagte er, dass er in der Lage wäre und auch dazu bereit sei, dieses erwähnte Telex, Schwarz-Weiß-Fotos (vier 25 x 20 cm große Fotos von dem Objekt und den Humanoiden) und weitere Dokumente im Zusammenhang mit dem Absturz zu kopieren und nach England zu schicken. Allerdings wäre dies alles ein sehr großes Risiko für ihn und er wolle etwas dafür haben. Nachdem Tony Dodd und sein Kollege Henry Azadehdel fragten, was er denn dafür haben wolle – man vermutete einen größeren Geldbetrag – sagte er zur allgemeinen Überraschung:

„Können Sie etwas herausfinden über, oder sind sie in der Lage, mir Informationen zukommen zu lassen, über geheime Projekte in England namens TR-47?"

Die beiden Forscher sagten, dass sie diese Informationen erhalten könnten und dann zum Austausch für die UFO-Informationen bereitstünden. Natürlich hatten die beiden keinen blassen Schimmer, um was es hier eigentlich ging. Man hatte überhaupt keine Ahnung, von was er überhaupt sprach, aber, so Tony Dodd später:

„Wir hätten ihm zu diesem Zeitpunkt natürlich alles erzählt, um diese wichtigen Dokumente und Fotos in die Hand zu bekommen, die uns so viel bedeuteten. Wir sagten ihm: Ja, wir hätten diese Informationen und wir würden sie gegen die südafrikanischen Informationen über den Absturz austauschen. Aber die Bedingungen die wir stellten, waren natürlich, dass wir alle Dokumente und Fotos zunächst in Händen halten müssten, bevor wir die Informationen austauschen. Wir müssen sie erst sehen. Und natürlich sagten wir ihm nicht, dass wir nicht wussten was TR-47 war, aber es war ganz offensichtlich etwas, was mit unserem

Land (England) zu tun hatte. Und es gibt nichts auf der Welt, was uns je dazu bringen würde, diese Informationen an Jemanden herauszugeben. Selbst wenn wir sie hätten, das würde keiner von uns tun. Aber es war Mittel zum Zweck."

Daraufhin willigte der südafrikanische Geheimdienstoffizier, dessen Name H. J. Greeff mittlerweile kein Geheimnis mehr ist, ein. Man vereinbarte, dass Greeff die Unterlagen in einen Umschlag stecken wird. Dieser Umschlag würde aus offensichtlichen Gründen keinen Absender tragen. Der südafrikanische Geheimdienstoffizier ging davon aus, dass der Umschlag in etwa einer Woche in England ankommen müsste. Des Weiteren beschrieb Greeff noch, was genau auf den Fotos zu sehen war: Das abgestürzte UFO, das Objekt nach der Bergung und Fotos von den Außerirdischen. Tony Dodd bemerkte dazu später:

„Er klang, als beschriebe er Tatsachen. Nüchtern, keinerlei persönliche Emotionen. Er verwendete in der Tat den Ausdruck: Wissen Sie, das war nicht der erste Absturz, das ist nur der, der gerade aktuell ist. Aber es gab auch noch andere Abstürze. Und genauso drückte er das auch aus. Er sprach darüber, als sei es überhaupt nichts Besonderes. Er sprach fast so darüber, als sei es die Regel. Ebenfalls versprach er, diese Dinge in einen Umschlag zu stecken und los zu schicken. Allerdings nur unter der Bedingung, dass wir ihm dafür unmittelbar danach Informationen über dieses TR-47 senden würden."

Spätere Recherchen bezüglich TR-47 brachten Erstaunliches zu Tage. Sichtlich betroffen stellte Tony Dodd fest, dass TR-47 der Geheimcode für den damals neuen englischen Challenger-Panzer war, der mit einem neuentwickelten Waffensystem ausgerüstet wurde. Der südafrikanische Geheimdienst wusste damals offensichtlich schon seit längerer Zeit von dieser geheimen Neuentwicklung und wollte genauere Informationen darüber haben. Tony Dodd und H. Azadehdel wurde immer bewusster, dass sie langsam in die Mühlen der Geheimdienste gerieten. In diesem Moment entschieden sich die beiden dafür, die britischen Sicherheitsdienste über das südafrikanische Interesse am neuen Challenger-Panzer in Kenntnis zu setzen.

Greeff schickte dann umgehend erste echte Dokumente zum Kalahari-Crash nach England. Diese Unterlagen enthielten die Namen der Militär-Offiziere, der medizinischen Mitarbeiter und der beteiligten Wissenschaftler – und zwar sowohl aus den USA und auch Südafrika – die an der Bergung und der Untersuchung des UFOs und der Außerirdischen beteiligt waren. Die weiteren Unterlagen und die Fotos wollte er dann später schicken. Allerdings kam es nicht mehr dazu, genaueres hierzu im nachfolgenden Kapitel „Eine verhängnisvolle Recherche".

Die große Frage, die Sie sich, lieber Leser, jetzt aber stellen werden, ist: Warum waren die Dokumente gefälscht, aber der Inhalt dieser Dokumente trotzdem wahr?

Die Antwort auf diese Frage bekam Tony Dodd bei einem UFO-Kongress in München, bei dem sowohl er, als auch van Greunen teilnahmen. Es kam zu einer verbalen Auseinandersetzung, denn der Forscher aus England wollte endlich eine Antwort. Es kam sogar soweit, dass Dodd den jungen Südafrikaner in einem entlegenen Teil des Münchner Kongressgebäudes an die Wand drückte und die Wahrheit verlangte. Van Greunen wusste in diesem Moment, dass das Spiel aus ist. Er sagte: „Okay, ich werde Ihnen alles sagen, was Sie wissen wollen." Dann enthüllte van Greunen, wie ihm ein Freund (welcher im

Dienste des Geheimdienstes der südafrikanischen Luftwaffe war) eine geheime Dokumentation zeigte. Dieser Freund war H. J. Greeff. Da Greeff davon wusste, wie sehr sich van Greunen für UFOs interessierte, machte er ihn mit dem Kalahari-Abschuss vertraut, dem es in keiner Hinsicht an Sensationellem fehlte. Greeff traf sich mit seinem Freund van Greunen und hatte die Akte über den Vorfall dabei. Er bestand aber darauf, die Akte nicht aus der Hand geben zu wollen. Van Greunen durfte sich die Akte aber durchlesen und tat dies mit größter Aufmerksamkeit. Er versuchte dabei, sich jeden Abschnitt, jede Beschreibung und jedes Codewort zu merken. Was ihm dabei sehr hilfreich war, ist die Tatsache, dass J. H. van Greunen bereits seit seiner Kindheit über ein fotografisches Gedächtnis verfügte.

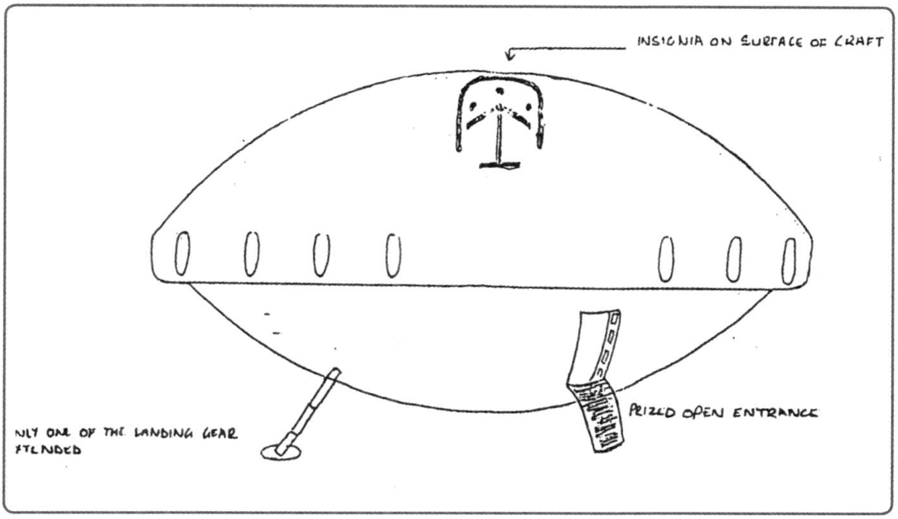

Zeichnung des Kalahari-UFOs von J. H. van Greunen
(Quelle: QUEST-International)

Gegenüber Tony Dodd gab er dann zu, dass er – nachdem er die Unterlagen vollständig gelesen hatte – zuhause schnell alles niederschrieb, an das er sich erinnern konnte. Darunter waren die Zeiten, die Namen und auch der taktische Codename, welchen das Dokument bekommen hatte. Daraufhin machte er sich daran, alle diese Informationen in ein eigenes „Geheimdokument“ zu packen und das Zeichen der südafrikanischen Luftwaffe darauf anzubringen. Diese „Dokumente“ schickte er dann zu Tony Dodd nach England.

Das heißt bezüglich des Kalahari-Vorfalls: **Die Dokumente waren eine Fälschung, aber der Inhalt war richtig. Leider hat der Großteil der sogenannten UFO-Forscher bezüglich dieser Fakten keine Ahnung**. Da wird sofort gesagt: *„Die Dokumente sind nicht echt, also ist das alles Käse, in Südafrika ist nichts passiert“*. Dies ist allerdings keine professionelle Vorgehensweise und die Gruppe um Tony Dood hat bewiesen, dass sich der Vorfall tatsächlich ereignet hat.

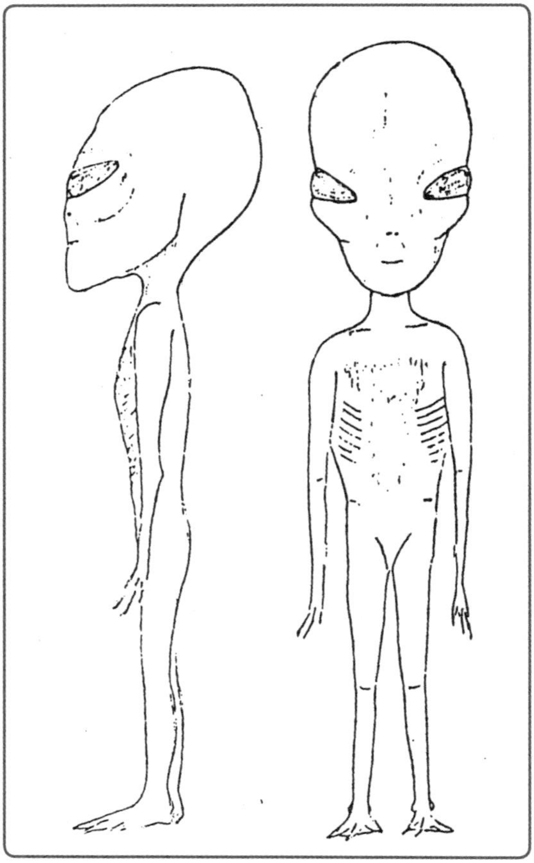

Zeichnung eines Außerirdischen aus dem Kalahari-Zwischenfall.
(Quelle: QUEST-International)

Wie ging es nun nach dem letzten Telefonat mit H. J. Greeff weiter? Eigentlich wollte man jetzt warten, bis die von Greeff zugesagten weiteren Dokumente und Fotos in England eintreffen...

Eine verhängnisvolle Recherche

Man wollte nun auf die Fotos warten, blieb aber nicht untätig. Und genau das sollte zu einem großen Problem werden. Tony Dodd sagte dazu später:

„Ich glaube, das war der Moment, in dem wir wahrscheinlich unseren größten Fehler machten."

Man wollte unbedingt sofort weiterermitteln:

„Natürlich versuchten wir, unsere Ermittlungen fortzuführen. Und unter den Informationen, die wir in Händen hielten, waren Informationen, dass eine spezielle Gruppe Leute aus Amerika tatsächlich als Team nach Südafrika geflogen waren, um dem südafrikanischen Militär bei der Bergung des Raumschiffes zu helfen. Und wenn ich „Bergung" sage, dann meine ich, das Raumschiff war bereits geborgen und zu einem südafrikanischen Luftwaffenstützpunkt gebracht worden. Allerdings wussten die Südafrikaner nicht so recht, was sie im Hinblick auf die lebenden Außerirdischen an Bord tun sollten, wie sie mit der Sache umgehen sollten. Deswegen flogen zwei C5-Galaxy-Flugzeuge vom Luftwaffenstützpunkt Wright-Patterson ab. An Bord war ein Spezial-Team, das offensichtlich mit solchen Situationen bestens vertraut war. Und wir hatten tatsächlich die Namen einiger Mitglieder des Teams. Aus diesem Grund beschlossen wir, einige dieser Namen zu überprüfen, um sicher zu sein, dass diese Herren uns auch wirklich etwas zu sagen hätten. Der erste Anruf den wir tätigten, ging dann auch direkt an den Luftwaffenstützpunkt Wright-Patterson."

In den Unterlagen von van Greunen war auch der Code-Name der UFO-Bergungs-Operation genannt. Er lautete ***Silver Diamond***.

Weitere Ermittlungen brachten Namen der angeblich aktiven internationalen Teilnehmer der Bergung, inklusive der Wissenschaftler und des medizinischen Personals. Das Verzeichnis enthielt auch die tatsächlichen Einrichtungen, von denen aus diese Männer und Frauen angeblich operierten.

Einer der Männer, die dabei mit Namen genannt wurden, war ein ziviler Wissenschaftler der USA, der angeblich an der Bergung der Abgestürzten beteiligt gewesen war. Laut Verzeichnis arbeitete dieser Mann im Büro des wissenschaftlichen Geheimdienstes der Wright-Patterson Luftwaffenbasis in Ohio.

H. Azadehdel (HA) kontaktierte diese Luftwaffenbasis und gab den Namen des Herrn an, mit dem er verbunden werden wollte:

Vermittlung:	Haben Sie seine Anfangsbuchstaben?
HA:	Ja.
Vermittlung:	Er hat eine Durchwahlnummer. Ich kann Sie nicht verbinden, es ist ein besonderes Büro. Sie versuchen es besser selber.

Daraufhin erhielt Azadehdel die Durchwahlnummer und wählte sie. Ein Herr nahm das Telefon ab und Azadehdel sagte, er wolle mit dem bestimmten Herrn (Mr. B.) sprechen. Als Antwort kam: *„Warten Sie bitte einen Moment, Sir."* H. Azadehdel erinnerte sich, wie er diesen Mr. B. überraschte. Azadehdel gab nicht einmal seinen Namen an, sagte aber, dass er von einem Ort in den Vereinigten Staaten aus anrufe, und erklärte ihm den Vorfall. Dabei verwendete er auch den Begriff **Silver Diamond** sowie einen taktischen Code-Namen, den er aus unabhängiger Quelle erhalten hatte...

Mr. B.: Woher haben Sie das? Woher haben Sie diese Information?
HA: Wir erhielten die Information.

Es entstand eine lange Pause. Dann fragte Mr. B. noch einmal:

Mr. B.: Woher haben Sie diese Information?
HA: Wir haben Quellen, die mit dem südafrikanischen Militär verbunden sind. Sie haben uns diese Informationen gegeben.

Dann sagte Mr. B. in diesem Zusammenhang noch einige weitere, sehr interessante Dinge. Er leugnete nicht einmal, dass sich diese Sache wirklich ereignet hatte. Was er allerdings sagte, war:

Mr. B.: Zunächst einmal müssen Sie bitte verstehen, dass ich Zivilist bin. Ich arbeite für das amerikanische Militär – für den Geheimdienst des amerikanischen Militärs. Ich bin Zivilist, aber ich unterliege den Regeln der Geheimhaltung. Und deshalb kann ich Ihnen nur sagen, dass es mir nicht gestattet ist, Ihnen Informationen zu geben. Ebenso ist es mir auch nicht erlaubt, der Öffentlichkeit Informationen im Zusammenhang mit diesem Thema zu geben. Es ist mir nicht erlaubt, mit Ihnen über solche Sachen zu sprechen, und ich werde Ihnen auch auf keinen Fall auf die eine oder andere Weise sagen, ob das, was Sie sagen, wahr ist oder nicht. Ich werde diese Sache weder bestätigen noch dementieren.

Tony Dodd erklärte später, dass Mr. B. *damit* ja auch etwas gesagt hatte. Warum wandte sich Mr. B. nicht einfach ab und sagte „So ein Blödsinn ist nie passiert"? Das hat er aber nicht getan. Und Tony Dodd weiter:

„Alles, was wir gesagt hatten – daran besteht kein Zweifel – traf diesen Mann hart. Das Gespräch ging dann in dieser Art weiter. Meiner Meinung nach, so wie ich das Gespräch gehört habe, besteht keinerlei Zweifel daran, dass sich der Vorfall in Südafrika wirklich ereignet hatte, und dass dieser Mann daran beteiligt war. Am Ende dieses Telefonats dachten wir daher: Super, jetzt haben wir die Bestätigung, dass an dieser Sache wirklich etwas dran ist. Und außerdem hatten wir ja noch was – wir hatten die Akte und die Fotos, die vermutlich gerade auf dem Weg von Südafrika nach England waren."

Und genau an diesem Punkt fing es an schiefzugehen. Denn aufgrund des Telefonats in die Luftwaffenbasis Wright-Patterson hinein, setzte man sich dort mit den zuständigen Stellen in Südafrika in Verbindung. Dort war dann die Hölle los. H. J. Greeff, der Geheimdienstoffizier, der Dodd und Azadehdel die Fotos und Unterlagen zugesagt hatte, war wirklich in Panik. Er teilte den beiden UFO-Forschern mit:

„Sie haben ja keine Ahnung, was Sie da getan haben! Sie haben mehr Ärger verursacht, als Sie sich vorstellen können. Sie waren mit den zuständigen Stellen in Amerika in Verbindung, und die setzten sich mit unseren Stellen hier in Verbindung. Und unsere Leute sind jetzt darüber informiert, dass es bei diesem Absturz in Südafrika eine undichte Stelle gegeben hat. Hier ist jetzt die Hölle los. Zu diesem Zeitpunkt traue ich mich jetzt nicht mehr, das Versprechen auch nur annähernd einzuhalten, die Kopien und alles andere zu machen. Es geht einfach nicht. Das Ding ist zu heiß! Ich wünsche nicht mehr, mit Ihnen zu sprechen. Ich bin jetzt in großer Gefahr."

In diesem Moment merkte Tony Dodd, dass der Mann echt Angst hatte. Er fürchtete sich. Und dies war für die beiden Ermittler ein deutlicher Hinweis, dass der Kalahari-Vorfall tatsächlich geschehen ist.

Die beiden Ermittler aus England beschlossen zu diesem Zeitpunkt, die Flucht nach vorne anzutreten. Für sie war es an der Zeit, den Einsatz noch zu erhöhen. Anthony Dodd nahm Kontakt zu einer Quelle des britischen Geheimdienstes auf, und informierte diese über den Zwischenfall in der Kalahari. Dies wiederum führte dann dazu, dass er ein Telefongespräch führte, um herauszufinden, wo genau sich der Pilot aufhielt, der angeblich die südafrikanische Mirage steuerte, die für das „Herunterbringen“ des UFOs verantwortlich war.

H. Azadehdel behauptete bei einem Telefonat, dass er ein alter Bekannter des Piloten von der Royal Air Force sei, und die südafrikanische Luftwaffe teilte ihm sofort den gegenwärtigen Aufenthaltsort des Piloten mit, einschließlich der Telefonnummer seiner Basis (Es handelte sich dabei nicht um die Valhalla-Luftwaffenbasis). Azadehdel benutzte in der Folge den Namen eines hohen Offiziers der US-Luftwaffe von der Wright-Patterson

Mit einem Kampfflugzeug des Typs „Mirage“ wurde das Kalahari-UFO abgeschossen. (Quelle: John White)

Luftwaffenbasis - der zufällig in einem weiteren vorliegenden Dokument genannt war – und nahm mit dem Piloten in dessen Basis bei Pretoria telefonischen Kontakt auf. Es wurde der Name von General „Brunel" benutzt, ein hochrangiger US-Air-Force-Offizier, dessen Name in den Dokumenten genannt wurde, die Dodd und Azadehdel sowohl von Quellen aus Südafrika, wie auch den USA, erhielten.

Azadehdel (HA) stellte dem Piloten eine Frage bezüglich des Vorfalls:

HA: Ist dort Schwadronführer Goosen?
Pilot: Ja.
HA: Hier spricht General Brunel von Wright-Patterson in Amerika.
Pilot: Ja, Sir.
HA: Hören Sie zu, Schwadronführer. Ich bin etwas verwirrt. Vor mir liegt die Akte „Silver Diamond", und sie besagt nicht, wie oft Sie auf das Objekt schossen.
Pilot: Wer sagten Sie, spricht dort, Sir?
HA: Hier ist General Brunel von Wright-Patterson. Ist die Frage nicht klar, Schwadronführer? Wie oft haben Sie auf das verdammte Ding geschossen?
Pilot: Ich schoss ein Mal. Würden Sie bitte einen Moment warten, ich gehe an ein anderes Telefon, Sir.
HA: Das wird nicht nötig sein, Schwadronführer. Sie haben meine Frage beantwortet.

(Das gesamte Gespräch wurde auf Tonband aufgezeichnet.)

Spätestens hier stellt sich für den Leser die Frage, wie es für die beiden Ermittler in England möglich war, an entsprechende

Telefonnummern bzw. in entsprechende Institutionen hineinzugelangen. Diese Frage stellte ich mir auch, als ich zusammen mit Andreas von Rétyi den Lesotho-Fall, und damit auch indirekt den Kalahari-Zwischenfall, recherchierte. Durch den direkten Kontakt zu J. H. van Greunen (siehe Kapitel IV.) wurden wir mit den Erinnerungen zu den Vorfällen in England bei Tony Dodd und H. Azadehdel konfrontiert. Zu jener Zeit war van Greunen auch für kurze Zeit bei Azadehdel untergebracht. Über die Vorfälle bei den Recherchen von Azadehdel äußerte sich van Greunen 1997 wie folgt:

„Es war einfach irre! Unglaublich! Azadehdel telefonierte in die Wright-Patterson Luftwaffenbasis, in die Area 51 und direkt zu NORAD! Der hatte auch die Telefonnummern des Präsidenten-Vorzimmers im „Weißen Haus“ und der „Air Force One“! Es war einfach unfassbar, welche Informationen dieser Mann hatte!“

Wie konnte das alles sein? Aufklärung brachte unser Besuch bei Tony Dodd in North Yorkshire, der ebenfalls im Jahre 1997 stattfand. Auf die Verbindungen und Informationen Azadehdels angesprochen, teilte uns Tony mit, dass er H. Azadehdel für den besten Ermittler hielt, den er bis dahin kennengelernt hatte. Dann teilte uns Tony Dodd zu unserer großen Überraschung mit, dass Azadehdel in Großbritannien politisches Asyl genießt. Der Grund dafür sei, dass Azadehdel der direkte militärische Berater des früheren Schah von Persien war. Aufgrund der damaligen, engen Zusammenarbeit zwischen den USA und dem Iran ist es kein Wunder, dass Azadehdel hochgeheime Telefonnummern der USA zur Verfügung hatte. Diese Information durch Tony Dodd erklärte vieles!

Ansonsten weiß man über H. Azadehdel relativ wenig. Der gebürtige Armenier zog 1979 - nach dem Sturz des Schah - nach

England. Er war dann in den verbotenen Handel mit Orchideen verwickelt. Seit dieser Zeit war er immer wieder mit den verschiedensten Pseudonymen aufgetreten: Dr. Armen Victorian, Henry Victorian, Dr. Alan Jones oder Kasaba Ntumba. Er wurde somit selbst zu einer Art Phänomen. Allerdings hätten wir viele wichtige Informationen zum Kalahari-Fall nicht, wenn er nicht beharrlich und mit einer gewissen „Gerissenheit" danach gesucht hätte.

Doch nun zurück zu den Recherchen von „QUEST-International" durch Tony Dodd und seinem illustren Kollegen. Als nächstes kontaktierte man den zuständigen Beamten bei NORAD (North American Aerospace Defense Command). Es ist zwar das „nordamerikanische Kommando für Luftraumverteidigung", allerdings überwacht NORAD den gesamten Luftraum *weltweit*! Tony Dodd sagte zu diesem Telefonat folgendes:

„Wir riefen direkt bei der Einheit an, die für das Aufspüren von Objekten zuständig ist, und wir sprachen mit dem Offizier, der dort an diesem Tag der Wachhabende war. Wir sagten ihm, wir seien an jenem Objekt interessiert, das in oder über Südafrika oder in der Nähe an dem fraglichen Tag niederging. Da wir über ein internes Telefon gekommen waren, nahm der Offizier an, dass wir mit dem Militär zu tun hatten. Das Gespräch lief folgendermaßen ab: „Bitte warten Sie ein Minute, ich schaue schnell am Computer nach, Sir." Im Hintergrund konnte man wirklich das Klicken von Schlüsseln hören. Kurze Zeit später kam er schon zurück und sagte: „Ja, über dem südafrikanischen Kontinent ging an dem Tag, den Sie erwähnten, ein Objekt nieder, im Großen und Ganzen in der von Ihnen genannten Gegend." Daraufhin fragten wir: „Können Sie uns sagen, was das war, das niederging?" Seine Antwort war dann doch recht verblüffend: „Wir wissen nicht,

was es war." Wir dachten, NORAD weiß alles, was vor sich geht, aber er sagte: „Wir wissen nicht, was es war." Ganz offensichtlich war dieser Offizier nicht in einer Position, in der für ihn die Notwendigkeit bestand zu wissen, worum es sich handelte."

Als nächstes hatte man beschlossen, eine Quelle des amerikanischen Militärs über die bereits vorliegenden Informationen zu unterrichten. Diese Quelle hat dann spezielle Ermittlungen in der Luftwaffenbasis Wright-Patterson angestellt. Dieser Informant war niemand geringerer als der pensionierte Lt. Colonel Wendelle C. Stevens. Wendelle Stevens war aufgrund seiner persönlichen Erlebnisse mit UFOs bei der Luftwaffe nach Ende seiner Dienstzeit zu einem der bekanntesten UFO-Forscher der USA geworden. Bis zu seinem Tod am 7. September 2010 hatte er noch immer sehr gute Kontakte zu Insidern in der Luftwaffe.

Stevens fand innerhalb weniger Tage heraus (was ihn seine Pension hätte kosten können), dass es am 23. Juni 1989, dem Tag, an dem das UFO angeblich von Südafrika nach Wright-Patterson

Mit zwei solchen „C5-Galaxy"-Transportflugzeugen wurden das Kalahari-UFO und dessen Insassen am 23. Juni 1989 in die USA geflogen. (Quelle: National Archives)

geflogen wurde, Alarm auf der Wright-Patterson Luftwaffenbasis gab. Entsprechende Alarme waren immer verschlüsselt, um ein Medieninteresse zu vermeiden. Der Alarm an diesem Tag wurde mit „Verteidigungsbedingungen" begründet. Stevens konnte auch bestätigen, dass während des Alarms zwei C5-Galaxy Transportflugzeuge aus Südafrika kommend auf der Wright-Patterson Luftwaffenbasis landeten.

Um herauszufinden, inwieweit die Militärs der Vereinigten Staaten in den Vorfall verwickelt waren, ging man dann völlig anders vor. H. Azadehdel (*HA*) rief einen hochrangigen Offizier des „Office of Special Investigation" (*OSpI*) der US-Air-Force an:

HA: Ich suche nach Informationen über den Vorfall in Südafrika.

OSpI: Ich schätze Ihr Interesse in dieser Sache, aber ich habe keinerlei Erkenntnisse über diesen speziellen Vorfall. Ich kann weder bestätigen noch dementieren, dass er sich ereignete. Es gibt hier natürlich einige Stellen, mit denen ich Kontakt aufnehmen kann, um etwas herauszufinden, aber Sie müssen sich darüber im Klaren sein, dass ich für das Militär arbeite, und selbst wenn dieser Vorfall stattgefunden hat, könnte ich das Ihnen gegenüber nicht zugeben.

HA: Ich habe diese Informationen von hochrangigen Quellen des südafrikanischen Geheimdienstes erhalten. Ich habe ein rein wissenschaftliches Interesse. Ich arbeite schon seit vielen Jahren an diesem Thema.

OSpI: Ich schätze, was Sie sagen, und ich kann Ihr Interesse verstehen, aber Sie müssen verstehen, welchen Einfluss es auf die Öffentlichkeit hätte, wenn ich Ihre Geschichte bestätigen würde. Das Militär kann diese Art Information weder bestätigen noch dementieren.

HA: Wie ich Sie verstehe, beschäftigen Sie sich schon seit ein paar Jahren mit UFOs?

OSpl: Ja, aber ich ging vor zwei Jahren in Pension.

HA: Ich habe erfahren, dass Sie bei der Bergung des UFOs dabei waren, das Anfang dieses Jahres in der Kalahari abstürzte...

OSpl: Ich kann nicht sprechen – ich muss gleich zum Fernsehen.

Dann legte er den Hörer auf und die Leitung war tot.

(Auch dieses Gespräch wurde auf Tonband aufgezeichnet!)

Soweit die Nachforschungen der englischen Ermittler beim „Office of Special Investigation" der US-Luftwaffe.

Bei der Suche nach dem in den Dokumenten genannten Schiff, der Marinefregatte „SA Tafelberg", welche das UFO als erstes auf dem Radar entdeckte, fanden die Forscher um Tony Dodd zunächst nichts. Nach einer sehr zeitraubenden Durchsicht von

Das südafrikanische Militärschiff S.A. Tafelberg
(Quelle: Jean Ward)

Seeaufzeichnungen fand man tatsächlich die „S.A. Tafelberg". Das Schiff war als Flotten-Nachschub-Schiff eingetragen. Man konnte sofort erkennen, dass sich modernstes Equipment an Bord befand, es also ohne weiteres ein Flugobjekt entdecken konnte.

Was wusste eigentlich die Regierung von Botswana über das Ereignis in der Kalahari? Schließlich schlug das UFO im Staatsgebiet von Botswana auf und wurde von den südafrikanischen Militärs dort geborgen. Dazu konnte ein sehr enger Freund von Tony Dodd etwas herausfinden, welcher bei einer diplomatischen Stelle einen hohen Beamten aus Botswana kennenlernte. Es handelte sich dabei um den Umweltminister von Botswana, Dithoko Seiso. Auf den Kalahari-Vorfall angesprochen, wusste der Minister nichts. Er sagte, dass er diesbezüglich Nachforschungen anstellen wolle, er aber nicht an einen solchen Vorfall glaube. Beim nächsten Zusammentreffen der beiden bestätigte der überaus überraschte Minister, dass sich der Kalahari-Zwischenfall tatsächlich ereignet habe. Dies war ein weiterer Durchbruch für die Forscher um Tony Dodd.

Als die ersten Informationen zum Kalahari-Abschuss in der UFO-Community ankamen, machten sich zwei andere Forscher - völlig unabhängig voneinander - auf die Suche nach Informationen. Es handelte sich dabei um den Deutschen Johannes von Buttlar und den amerikanischen Wissenschaftsprofessor und Autor J. J. Hurtak. Johannes von Buttlar hat Tony Dodd sogar dazu eingeladen, mit ihm und auf seine Kosten nach Südafrika zu fliegen, dies musste Dodd allerdings aus Gründen der Sicherheit ablehnen. Später berichteten sowohl Hurtak als auch von Buttlar, dass in der Kalahari tatsächlich ein Absturz stattfand. Beide konnten Sichtungen des Objekts über südafrikanischem Luftraum durch militärisches Radar bestätigen. Einer von beiden reiste in die Kalahari und sprach mit den dort lebenden Stämmen. Diese bestätigten, zur fraglichen Zeit seltsame Objekte in der Luft gesehen zu haben.

Zu dieser Zeit meldete sich auch ein pensionierter Pilot der US-Air Force bei Tony Dodd. Der Mann hieß William Travis und hat die Informationen bezüglich Flugroute, Geschwindigkeit und Aufschlagkrater etwas genauer betrachtet. Seine Berechnungen bestätigten die Angaben in den Unterlagen. Allerdings wies er auch darauf hin, dass die Piloten quasi bereits in Ihren Flugzeugen gesessen haben müssen, als die UFO-Meldung herein kam. Bei den Gesprächen mit van Greunen bezüglich des späteren Lesotho-Falls (siehe Kapitel IV) wurde uns mitgeteilt, dass sich die Mirage mit der Experimental-Maser-Kanone zum Zeitpunkt des UFO-Alarms bereits in der Luft befand und einen Testflug absolvierte. Wäre dies nicht der Fall gewesen, hätte man das unbekannte Flugobjekt niemals rechtzeitig abfangen können. Diese Information leuchtet ein.

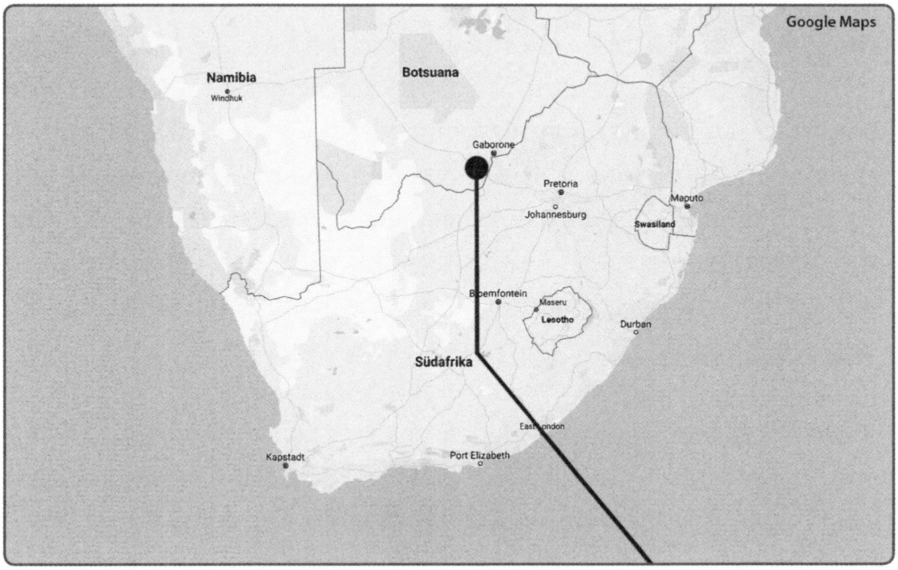

Die Flugbahn des Kalahari-Objekts. Es flog von Südosten in den südafrikanischen Luftraum und veränderte seinen Kurs dann Richtung Norden.
(Quelle: Jean Ward)

Die Nachforschungen zu der an der Mirage angebrachten Experimentalwaffe brachten hochinteressante Informationen zu Tage. Laut den Informationen aus den von van Greunen erstellten „Geheimpapieren“ handelte es sich um eine „Thor-2-Laserkanone“. Hier machte er offenbar einen Fehler. Die späteren Ermittlungen ergaben, dass es sich um eine „Thor-2-**M**aserkanone“ handelte. Ein Maser (aus dem englischen **M**icrowave **A**mplification by **S**timulated **E**mission of **R**adiation – übersetzt: Mikrowellenverstärkung durch stimulierte Emission von Strahlung) ist eigentlich ein Laser, welcher aber nicht im Frequenzbereich des sichtbaren Lichts, sondern im Mikrowellen-Frequenz-Bereich arbeitet. Maser-Waffen gehören zu den sogenannten „Energiewaffen“. Als **Energiewaffen** (engl. auch *directed-energy weapons*, kurz *DEW*) oder **Strahlenwaffen** wird im Allgemeinen eine neue Generation von Waffensystemen bezeichnet, die mit gebündelter Energie militärische Ziele außer Funktion setzen, schädigen oder vernichten kann. Dabei wird unter anderem ein kurzzeitiger elektromagnetischer Impuls (EMP) generiert, welcher zum Ausfall aller elektronischen Vorgänge im Ziel führt. Offensichtlich hat dies auch beim Kalahari-UFO Probleme verursacht. Als der Pilot, Schwadronführer Goosen, den Hochenergiestrahl aus Mikrowellenenergie auf das UFO schoss, berichtete er von blendenden Blitzen, die aus dem Objekt gekommen sind. Daraufhin ist das Objekt außer Kontrolle geraten, ging schnell herunter und stürzte schließlich in die Kalahari-Wüste.

Aber auch zum Hersteller der benutzten Maser-Waffe gibt es einige hochinteressante Informationen. Die Firma „Thor“ in Südafrika, welche bei der Herstellung der Waffe offensichtlich maßgeblich beteiligt war, war schon vor Bekanntwerden des Kalahari-Falls in den Schlagzeilen. Es kamen Gerüchte auf, dass man dort das legendäre „Rote Quecksilber“ (Red Mercury) herstellen würde.

Besagtes Material ist eine hochexplosive, mysteriöse Substanz, die dazu verwendet wird, miniaturisierte Fusionsbomben mit der Größe eines Aktenkoffers zu bauen. Diesbezüglich machte die Firma Thor auch Schlagzeilen, als 1991 der 48jährige Johannesburger Verkaufsmanager von Thor, Alan Kidger, tot aufgefunden wurde. Es handelte sich dabei eindeutig um Mord, da sein Torso im Kofferraum seines Pkws gefunden wurde, Kopf, Beine und Arme fand man auf dem Werksgelände.

Den Ermittlern um Tony Dodd fiel auch das Symbol auf, welches sich auf der Oberseite des UFOs befand. Laut den Unterlagen war ein „seltsames Zeichen in die Außenseite des Objekts eingearbeitet". Interessanterweise wurde ein fast identisches Zeichen bei etlichen früheren UFO-Sichtungen beobachtet. Da wäre zum Beispiel der Fall des Polizisten Lonnie Zamora. Der Vorfall fand am Freitag, den 24. April 1964, gegen 17:50 Uhr am Stadtrand von Socorro im US-Bundesstaat New Mexico statt. Mehrere Zeugen dieser UFO-Nahbegegnung berichteten über ihre Version des Ereignisses, darunter ihre Annäherung an das gelandete Objekt, die auffällige Flamme und physische Beweise, die unmittelbar danach zurückblieben. Lonnie Zamora, ein Polizeibeamter aus Socorro, der zu dieser Zeit Dienst hatte, behauptete, dem Objekt am nächsten gekommen zu sein. Nur noch etwa 30 Meter von dem ei-

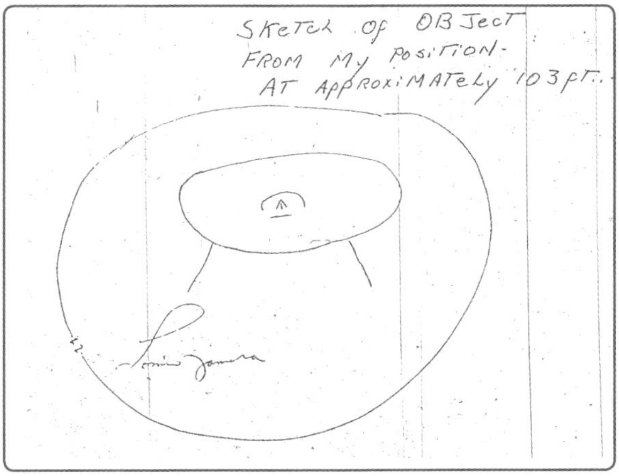

Zeichnung des Polizisten Lonnie Zamora. Man beachte das Symbol auf dem Objekt.
(Quelle: UFO MAGAZINE)

förmigen Objekt entfernt, bemerkte Zamora, dass ein rotes Abzeichen zu erkennen war, welches er später für die Behörden zeichnete. Dann bemerkte Zamora hellblaue Flammen und ein weiteres lautes Brüllen, bis sich der Gegenstand schließlich von seiner Ruhestätte zu entfernen begann. Auch bei einem UFO-Zwischenfall im April 1972 wurde dieses Symbol auf dem Objekt gesehen. Der Vorfall ereignete sich bei einer militärischen Sonderaktion der US-Army bei Tong Li Sap in Kambodscha. Es kam dabei zu einem Feuergefecht zwischen der US-Einheit und den Außerirdischen. Es gab Tote auf beiden Seiten. Das UFO, welches einen Durchmesser von ca. 15 Metern hatte, wurde als stark reflektierend bzw. wie verspiegelt beschrieben. Das Symbol auf der Außenhaut des Objekts erschien den Soldaten „stumpf" und „wie sandgestrahlt". Dieses Symbol war identisch mit dem Symbol, das einige Jahre zuvor Lonnie Zamora in New Mexico sah.

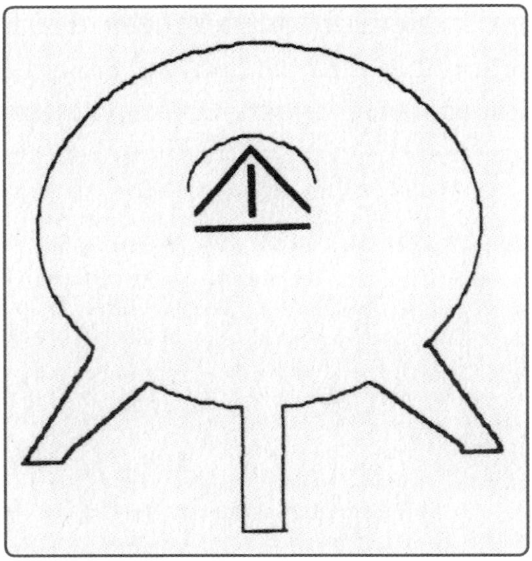

Zeichnung eines US-Army-Offiziers. Dieses Raumschiff war im April 1972 in eine US-Militäroperation verwickelt. Die Ähnlichkeit des Symbols zum Fall von Lonnie Zamora und dem Symbol auf dem Kalahari-UFO ist verblüffend.
(Quelle: Leonard H. Stringfield)

Die USA schalten sich ein

In der Ausgabe Mai/Juni 1993 brachte das englische „UFO Magazine“ (UM) in einer Spezialausgabe zum Kalahari-Zwischenfall folgendes, hochinteressante Interview mit Tony Dodd (TD):

UM: *Tony, wir haben sehr viel über die Verwicklung von J. H. van Greunen in den Fall gelesen, aber können Sie uns mehr über die ursprüngliche Quelle dieses Zwischenfalls sagen, die - so sollen wir glauben – versuchte, Informationen über den britischen Panzer „Challenger“ im Austausch gegen Fotos und Dokumentationen zu bekommen?*

TD: *Alles, was ich in diesem Moment dazu sagen will, ist, dass der Mann eine sehr wichtige Stellung im südafrikanischen Militär innehatte. Er arbeitete in der Dokumentationsabteilung dessen, was das Äquivalent zu unserem Verteidigungsministerium bilden könnte. Die Akte kam ihm zu Gesicht, und er zeigte ihren Inhalt später van Greunen, der nicht nur sein persönlicher Freund war, sondern von dem er auch wusste, dass er ein langjähriges Interesse an UFOs hatte.*

UM: *Van Greunen versuchte sehr, Sie davon zu überzeugen, dass er eine sehr wichtige Quelle sei. Wir wissen jetzt, dass diese Bemühungen fehlschlugen, aber abgesehen von Ihren eigenen Ermittlungen, die zutage brachten, dass der Zwischenfall selbst echte Substanz hatte, was überzeugte Sie, dass er die Geheimdienste im Ganzen verärgerte?*

TD: *Ich weiß, dass van Greunen beschattet wurde, während er in diesem Land war.*

UM: *Können Sie sagen von wem?*

TD: *Nein, das kann ich nicht preisgeben, aber die Leute, um die es dabei geht, verschwenden ihre Zeit nicht damit, einen Mann im ganzen Land zu verfolgen, wenn sie ihn lediglich für einen Verrückten halten.*

UM: *Ich habe dennoch gehört, dass Sie jetzt bereit sind, jemandem beim Namen zu nennen, der sehr viel bestätigen kann?*

TD: *Das stimmt. Ein Kollege, der eine diplomatische Funktion in London bekleidete und mit einem offiziellen Vertreter der Regierung von Botswana gesprochen hat, brachte uns einen wirklichen Durchbruch in dem Fall. Er nahm an einem Treffen teil und wurde neben einige sehr wichtige Diplomaten gesetzt. Am selben Tisch saß auch der Vertreter von Botswana. Während des Mittagessens erwähnte mein Kollege zufällig das Thema UFOs, und wenig später gab er kurz einige Einzelheiten des Zwischenfalls in der Kalahari bekannt. Alle an dem Tisch machten sich daraufhin über ihn lustig und manche dachten wirklich, dass es alles bloß Quatsch sei. Der Vertreter Botswanas sagte: „Ich glaube nicht daran – ich glaube nicht, dass es tatsächlich geschehen ist. Aber was ich tun werde, wenn ich zurückkomme - ich werde Ermittlungen anstellen." Ein paar Monate später traf dieser Mann meinen Kollegen in ähnlicher Funktion in London und ging sofort auf ihn zu. Er sagte: „Ich habe überprüft, was Sie sagten – diese Sache ist wirklich passiert – was mich aber trifft, ist, wie konnten Sie möglicherweise etwas darüber herausfinden, bevor ich es herausfand?" Dies wurde vor weiteren Zeugen gesagt, und ich kann hundertprozentige Beweise dafür vorlegen.*

UM: *Wer war also dieser Vertreter Botswanas?*

TD: *Wir sprechen von seiner Exzellenz, Mr. Dithoko Seiso, Umweltminister in Botswana.*

UM: *Diesen Namen bekanntzugeben sollte einiges auslösen...*

TD: *Das wird es wohl, dessen bin ich sicher.*

UM: *Tony, Sie behaupteten, am Anfang Ihrer Ermittlungen seien eine Reihe von Drohungen gegen Sie und H. Azadehdel ausgesprochen worden. Können Sie uns Näheres darüber sagen?*

TD: *Eine Geheimdienstquelle sagte uns, wir sollten Frankreich nicht betreten.*

UM: *Warum gerade Frankreich?*

TD: *Alles, was ich darüber sagen kann, ist, dass das europäische operative Hauptquartier der Geheimdienste für Südafrika in Frankreich angesiedelt ist. Mir wurde gesagt, dass wenn wir in England wären, wir ihnen zwar lästig werden könnten, aber es wäre kontraproduktiv, wenn sie versuchen würden, uns an dem zu hindern, was wir taten. Aber es wurde uns auch gesagt, dass diese Situation nicht eintreten würde, falls wir nach Frankreich gingen. Mir wurde persönlich gesagt: „Schau, ich warne dich als Freund. Geh nicht nach Frankreich, denn du kommst nicht wieder raus."*

UM: *Gab es noch weitere solche Warnungen?*

TD: *Eine weitere Kontaktperson warnte mich, ich solle nicht nach Südafrika gehen. Johannes von Buttlar wollte, dass ich mit ihm ginge, er würde für alle Kosten aufkommen, aber ich musste das Angebot aus den genannten Gründen ablehnen. Es ist schwierig, über diesen Aspekt zu detailliert zu sprechen, aber wir haben auch eine südafrikanische Geheimdienstquelle, die immer noch im Militär ist. Er füttert uns nur außerhalb des Landes mit Informationen. Er sagte, dass jeder, der erwischt würde, wie er Informationen über diesen Fall durchsichern lässt, in riesengroßen Schwierigkeiten wäre.*

UM: *Van Greunens Dokument beinhaltet den Codenamen, der dem Zwischenfall gegeben wurde: Silver Diamond. Das war der richtige Begriff, wie wir gehört haben.*

TD: *Vielleicht. Tatsache ist aber, dass wir den richtigen Codenamen der Affäre entdeckt haben, und der war nicht Silver Diamond.*

UM: *Sind Sie bereit, den Namen zu veröffentlichen?*

TD: *Es war „Project Pantry" – wie wir gleich am Anfang unserer Ermittlungen herausfanden.*

UM: *Lassen Sie es uns deutlich sagen: Silver Diamond, war ein offizieller Ausdruck, der für den Zwischenfall verwendet wurde, aber Project Pantry umschloss die gesamte Affäre?*

TD: *Das stimmt. Das kam nicht von van Greunen und hatte auch überhaupt nichts mit ihm zu tun. Wir hatten jemanden in Amerika, der in einem Berichtsbüro des Geheimdienstes ar-*

beitete. Er gab uns Teile von Dokumenten, die mit dem Fall zu tun hatten. Machen Sie sich keine Illusionen, wenn jemals herausgefunden würde, wer er ist, wäre er in ernsten Schwierigkeiten. Ich will aus einem dieser Dokumente zitieren. (Tony zog ein einzelnes Dokument aus einer riesigen Akte, die mindestens zweihundert Dokumente enthalten musste – viele trugen offizielle Aufdrucke.) Ich werde Ihnen folgende Passage vorlesen: „Wir stimmen zu, dass das Project Pantry nicht in Ihre Hände gelangen soll wegen der unbequemen Situation, in der wir uns befinden, aufgrund des Sicherheitslecks eines südafrikanischen Geheimdienstoffiziers, der sich im Moment auf der Flucht befindet."

UM: *Wissen Sie, wer dieser Geheimdienstoffizier ist? Mit Sicherheit doch nicht van Greunen?*

TD: *Was keiner weiß, mit Sicherheit niemand in der Ufologie, ist, dass wirklich ein südafrikanischer Geheimdienstoffizier auf der Flucht ist, und es ist nicht van Greunen. Es ist jemand, der in ernsten Schwierigkeiten steckt, weil Informationen durchsickerten. Er kam wirklich nach England – ich weiß, in welchem Land er jetzt lebt – und ich weiß, er lebt unter anderem Namen.*

UM: *Wir nehmen nicht an, das Sie wissen, warum man einen Namen wie „Project Pantry" (Projekt Vorratskammer) verwenden sollte?*

TD: *Nur, dass es eine offensichtliche Anspielung darauf ist, dass etwas aufbewahrt wird, aber Mark Birdsall bot eine überzeugende Erklärung, warum „Silver Diamond" verwendet worden sein könnte.*

UM: *Und die wäre?*

TD: *Nun, die Amerikaner prägten den Begriff „Silver Dollar“, die Südafrikaner sind berühmt für ihr Interesse an Diamanten. Wir wissen, es gab in diesem Fall eine enge Verbindung zwischen den beiden Nationen, daher also möglicherweise die Prägung des Begriffes „Silver Diamond“.*

UM: *Das ist sicher etwas, über das man spekulieren kann, aber - etwas ernsthafter: Wie können Sie Spekulationen über die verschiedenen Jahre beenden, mit denen der Zwischenfall belegt wurde? Warum sagte die Wright-Patterson Luftwaffenbasis in ihrem zweiten Fax an Harry Harris, ungeachtet einer bedeutenden Meinungsänderung gegenüber dem ersten, etwas sei in der Kalahari am 7. Mai 1988 und nicht am 7. Mai 1989 herunter gekommen? Und was ist mit diesem brasilianischen Offizier, den Cynthia Hind erwähnt? Er sagte, er besichtigte die Absturzstelle 1988 und nicht 1989. Können Sie das erklären?*

TD: *Kurz nachdem wir von dem Zwischenfall erfahren hatten, rief H. Azadehdel das Tracking-Office des NORAD direkt an – er sprach mit dem Diensthabenden, und weil der Anruf direkt zu seiner Abteilung durchkam und nicht über die Vermittlung oder normalen Kanäle von außerhalb, dachte der Diensthabende wahrscheinlich, es sei eine offizielle Anfrage. Wie auch immer, es war zu unserem Nutzen. Azadehdel bat ihn, uns alle Informationen zu geben, die er über Zeit und Ort der Ereignisse des 7. Mai 1989 hatte. Der Mann antwortete, sie hätten in der fraglichen Gegend ein Objekt aufgespürt. Alles passte zu dem, was wir schon wussten und vermuteten. Was uns zu der Zeit beide über-*

raschte, war, dass NORAD das Objekt nicht selbst identifizieren konnte – es wurde weder erwähnt noch vermutet, dass es ein Satellit gewesen sein könnte. Das Ziel wurde als „unbekannt“ beschrieben. Das Smithsonian-Institut bestätigte einen „Feuerball“ oder den Wiedereintritt eines Satelliten für den 7. Mai 1988, aber wir hatten diese Information lange vor Cynthia Hind. Ich kann dem nur hinzufügen, dass das, was der Diensthabende zu sagen hatte, auf Tonband aufgezeichnet wurde, dies ist eine absolute Tatsache.

UM: *Können wir unsere Aufmerksamkeit kurz dem Bereich zuwenden als die Amerikaner Südafrika fortschrittliche Technologie anboten - im Austausch für das UFO und seine angeblichen Insassen...*

TD: *Es wurde nicht nur angeboten – der Austausch fand wirklich statt, aber Sie können sich vorstellen, wie politisch unbeständig das war.*

UM: *In der Tat. Aber wir können einen Punkt klären: Wendelle Stevens erwähnte diesen Aspekt, als Sie ihn im Oktober 1989 in Frankfurt trafen, viel Monate nachdem Sie über den Zwischenfall informiert worden waren. Hatten Sie ihm gegenüber den Fall jemals zuvor erwähnt?*

TD: *Ich hatte vor Frankfurt noch nie mit Wendelle gesprochen.*

UM: *Wie kam er dann wegen dieser Sache auf Sie zu? Was wurde gesprochen?*

TD: *Wendelle sagte: „Meine Kontaktpersonen im Marine-Geheimdienst informierten mich darüber, dass wir (die Ver-*

einigten Staaten) den Südafrikanern fortschrittliche Technologie gegeben haben - im Austausch für ein UFO." Wir wussten beide, dass es den Südafrikanern nach internationalem Recht nicht gestattet war, solche Technologien zu erforschen, geschweige denn, sie zu besitzen. (Tony wischte sich den Schweiß von der Stirn und fuhr nach einer langen Pause fort.) Das ist alles schwer zu verdauen.

UM: *Richtig, aber wie können Sie hoffen, die Leute davon überzeugen zu können, dass es hier wirklich eine echte Verbindung zu UFOs gibt, wenn alles mit so viel politischem Beiwerk und strittigen Aspekten verbunden ist?*

TD: *Was die breite Öffentlichkeit nicht zur Kenntnis nimmt, ist, dass es feindliche außerirdische Raumschiffe gibt – dass dort draußen schon seit einer ganzen Weile eine blutige Schlacht tobt. Das ist das bestgehütete Geheimnis, das es gibt, daher auch die gegenwärtige Situation im Nordatlantik und das, was in der Arktis vor sich geht. Die verantwortlichen Stellen wissen darüber Bescheid. Das steht überhaupt nicht zur Diskussion. In den letzten zwölf Monaten habe ich mehr und mehr Berichte erhalten, die ein feindliches Element beinhalten.*

UM: *Wenn das stimmt, dann birgt es doch auch die Frage: Wer gewinnt?*

TD: *Das weiß ich nicht, aber wir sind mit Sicherheit in der Lage, diesen speziellen Typus eines feindlichen Raumschiffes abzuschießen.*

UM: *Haben Sie eine Ahnung, warum die Südafrikaner ein Flugzeug hatten, das mit einer Maserwaffe bestückt war? Ob-*

wohl das natürlich nur Spekulation ist, lässt es doch vermuten, dass auch andere Streitkräfte an verschiedenen Orten in der Welt dieselbe Technologie besitzen, um einer solchen Bedrohung zu begegnen?

TD: *Ich weiß, die Vereinigten Staaten verwenden eine Technologie, die die Dinger runterbringt. Informationen aus der RAND-Corporation in Amerika bestätigen dies. Wir wissen, dass diese Technik eine Pulsmikrowelle umfasst, und dass sie nach meiner sicheren Kenntnis bei mindestens zwei verschiedenen Gelegenheiten in Amerika zu diesem spezifischen Zweck benutzt wurde.*

UM: *Wenn es bei diesen UFOs ein feindliches Element gibt, was ist ihr oberstes Ziel? Wie antworten wir darauf?*

TD: *Ich möchte Ihnen hierzu einmal ein „hypothetisches" Szenario anbieten:*

Nehmen wir einmal an, die Vereinigten Staaten wissen mit Sicherheit, dass diese Feinde bestimmte „Fenster" in unserer äußeren Atmosphäre benutzen, um in unseren Luftraum einzudringen. Nehmen wir weiter an, sie wissen, wann diese Dinger auftauchen, und sie haben nicht nur andere Nationen über diese Tatsache informiert, sondern sie auch mit entsprechenden Waffen versehen, damit diese entsprechend mit ihnen umgehen können, sollten sie in den Luftraum einer bestimmten Nation eindringen. Gehen wir noch einen Schritt weiter. Nehmen wir an, alle verfügbaren Beweise deuten auf eine Invasion – war wäre die Lösung? Mit feindlichen Flugzeugen umzugehen, ist eine Sache – mit ihren Insassen umzugehen, eine andere. Und so wird ein strategischer Beschluss gefasst, um dem zu begegnen, aber bei der Ausführung gibt es größere Schwierigkeiten. Das ist ein höchst erschreckendes Szenario.

UM: *Können wir Sie offen fragen – wurde dieses „hypothetische Szenario" aus dem Zwischenfall in der Kalahari entwickelt? (Tony macht eine sehr lange Pause.)*

TD: *Absolut. Aber man muss so unglaublich vorsichtig sein. In dieser Sache arbeiten etliche Nationen zusammen.*

UM: *Andere UFO-Forscher und UFO-Organisationen verwendeten oft den Begriff „Betrug", wann immer über den Kalahari-Fall gesprochen wurde. Haben Sie zu solchen Leuten und Gruppen etwas zu sagen?*

TD: *Viele Leute sprachen von Betrug, weil sie nichts wissen. Ich weiß nicht, was es mit diesen Leuten auf sich hat. Einige kommen ins „UFO-Geschäft", und schon werden sie als „Experten" bezeichnet. Sie behaupten, alle Verbindungen zu kennen, alle Informationen zu haben. Die meisten haben keine formelle Ausbildung, wie Ermittlungen durchzuführen sind, aber sie behaupten, sie wüssten alles. Manche sind so schnell dabei, andere fertigzumachen, die Informationen zutage bringen, einzig und allein, weil sie selbst nicht bestätigen können, was passiert ist – und als Folge davon kann es natürlich auch nicht passiert sein. Sie kennen die Kontaktpersonen gar nicht, die wir haben – und über die wir auch Stillschweigen bewahren mussten, um sie zu schützen. Und ob wir jetzt eine Geschichte haben, die verdammt viel Zündstoff enthält oder nicht, ist mir ganz gleich, aber ich würde eher alles verbrennen, als Menschen* *in Gefahr zu bringen, die gewissermaßen ihren Kopf hingehalten haben, um uns Informationen über diese Sache zu geben. Wenn hohe Politik mit im Spiel ist – fast bis auf Watergate-Niveau -, dann begibt man sich wirklich auf gefährlichen Boden und viele Köpfe könnten rollen. Es ist mir völlig egal, was irgendeiner von diesen „UFO-Forschern" sagt; es ist ja so leicht für sie, Papier und Feder zur Hand zu nehmen und zu schreiben „es ist nicht geschehen, weil ich gehört habe, dass dieser und jener gesagt hat, dass es nicht geschehen ist." Sollen sie nachforschen, sollen sie die Kontakte bekommen, die ich hatte und sollen sie dann darüber sprechen...*

UM: *Zum Schluss, Tony, nachdem Sie vier Jahre auf die Durchsicht der Daten verwandt haben, der echten und der gefälschten Dokumente, nachdem Sie Tonbänder und Faxmeldungen analysiert haben, mit Zeugen gesprochen und sich durch Falschinformationen gewühlt haben, wie hoch würden Sie den Zwischenfall in der Kalahari einschätzen?*

TD: *Nach meiner Auffassung kommt er Roswell an Bedeutung gleich. Der Zwischenfall von Roswell hat bereits eine so weite Wegstrecke zurückgelegt, und er geht immer noch weiter und weiter. Aber was beweist er? In der Ufologie kann nichts geschehen, ohne dass sich nicht sofort irgendwer einmischt und sagt „das ist nie geschehen." „Außerirdische? Das kann nicht sein." Ich kann mir sehr gut vorstellen, wie 1989 die meisten anderen UFO-Organisationen die wenigen Daten, die sie über den Zwischenfall in der Kalahari hatten, miteinander austauschten und sagten: „Das ist nicht passiert." Sie standen nicht auf der Matte, als sich die Sache ereignete. Sie hatten mit Sicherheit nicht die Kon-*

takte, die wir aus Geheimdienstkreisen oder deren Umfeld entwickelten – und es besteht auch wenig Aussicht, dass sie sie je haben werden. Ich würde so manchen in der Ufologie viel höher einschätzen, wenn sie aufgeschlossener wären. Aber sich einfach abzuwenden, wie es die meisten zu Beginn schon taten, und zu sagen „das ist nie geschehen", zeigt doch die Qualität dieser „Ermittler", weil sie, offen gesagt, einfach nicht wissen, wovon sie sprechen. Es interessiert mich nicht, was diese Leute über den südafrikanischen Fall denken – ich habe die Informationen, und wenn es offizielle Vertreter der Regierung in Botswana gibt, die zugeben, dass sich die Sache und alles andere ereignet hat, nun, dann sollen eben gewöhnliche Leute darüber urteilen.

UM: Danke, Tony. Ich bin sicher, diese „gewöhnlichen Leute" würden Ihnen gerne ihren Dank dafür aussprechen, was Sie in diesem Fall alles erreicht haben.

Soweit das Interview mit Tony Dodd zum Zwischenfall in der Kalahari. Auf den Aspekt der Abwehr feindlicher außerirdischer Raumschiffe und die diesbezügliche Zusammenarbeit verschiedener Länder, werde ich später im Kapitel „Ein globales Szenario" noch eingehen.

Im Interview beschreibt Dodd, dass es bezüglich des Kalahari-Falls recht schnell eine Einmischung bzw. Mitwirkung durch die USA in Südafrika gab. Wie man weiß, überwacht NORAD ja den Luftraum der ganzen Welt und registriert alle ungewöhnlichen Himmelsobjekte sorgfältig. Offenbar war den US-Militärs sehr schnell bewusst, dass der Vorfall am 7. Mai 1989 von größter Wichtigkeit war. Nach den Aussagen von van Greunen und Greeff kam innerhalb von 24 Stunden eine Anfrage aus den USA in Südafrika an. Die Kurzform der Anfrage lautete in etwa so: „Wir wissen, dass Südafrika ein abgestürztes Objekt in der Kalahari geborgen hat. Wir wollen dieses Objekt haben – sonst gibt es Krieg." Das ist natürlich harter Tobak. In Südafrika beriet sich ein interner Sicherheitsrat und kam zu dem Schluss, das Objekt und die Insassen an die USA zu übergeben. Allerdings wollte man dafür Gegenleistungen. Zum einen wollte man weiter an den Forschungen zu dem Objekt und den Insassen beteiligt sein, zum anderen wollte man im Austausch „fortschrittliche" Technologie von den USA. Dabei handelte es sich angeblich um 2 Trägersysteme (Raketen) mit Atomwaffen.

Zu diesem Zeitpunkt war Südafrika bereits im Besitz von mehreren Atombomben, welche man zusammen mit Israel geheim entwickelt hatte. Das einzige was man nicht hatte, waren Raketen als Trägersysteme für diese Atomwaffen.

Die atomare Bewaffnung von Südafrika und Israel ist in Fachkreisen seit längerer Zeit kein Thema mehr. Es besteht keinerlei Zweifel mehr daran. Am 22. September 1979 entdeckte der US-Spionagesatellit „Vela" in einer abgelegenen Region des Indischen Ozeans – südöstlich von Südafrika – einen sogenannten „Doppelblitz". Dieser ist für Atomexplosionen charakteristisch. Später gab es Bestätigungen dafür, dass dies Teil eines geheimen Programms war, welches zur Entwicklung und Erprobung atomarer Waffen für Südafrika und Israel führte. Es gab eine sehr enge Zusammenarbeit (vor allem im geheimdienstlichen Bereich und im Bereich der „verborgenen Operationen") zwischen der damaligen „weißen" Regierung in Südafrika und Israel. Beim Austausch von Raketen gegen das abgestürzte UFO könnte möglicherweise Israel eine Vermittlerrolle gespielt haben. Wie der ehemalige

Mossad-Offizier Victor Ostrovsky in seinem Buch „Geheimakte Mossad“ schreibt, gab es eine israelische Geheimoperation mit dem Namen „Operation Rentier“, welche einen Kontakt zwischen den Geheimdiensten der USA und Südafrikas herstellte. Andere Kreise behaupten sogar, die damalige „weiße“ Regierung Südafrikas habe ein Geheimabkommen mit Israel getroffen, wonach Südafrika den Israelis Asyl anbieten wird, sollten die Araber tatsächlich einen Krieg gegen Israel gewinnen. Im Gegenzug sollten die weißen Südafrikaner Asyl in Israel bekommen, falls diese vor der schwarzen Bevölkerungsmehrheit flüchten müssten. Wie wir wissen, war dies aber dann nicht notwendig, auch wenn die weißen Südafrikaner mittlerweile ein ziemlich großes Schutzbedürfnis in ihrem Land haben. Die Zusammenarbeit zwischen Israel und Südafrika war in den 1980er Jahren doch sehr weit fortgeschritten, und der gemeinsame Bau bzw. die gemeinsame Entwicklung von Atomwaffen bildet dabei nur die Spitze des Eisbergs.

Da man in Südafrika allerdings keine Trägersysteme (Raketen) für diese Atomwaffen besaß, forderte man diese nun für den Austausch gegen das abgeschossene UFO von den USA. Die USA stimmten dem zu. Auch dies ist eine fast unglaubliche Information. Zu dieser Zeit war wegen des Apartheid-Regimes ein fast vollständiger, weltweiter Boykott von Warenlieferungen nach Südafrika in Kraft - aber dies schien wohl für Atomraketen nicht zu gelten.

Daraufhin brachte das US-Militär das UFO mit zwei C5-Galaxy Transportflugzeugen zur Wright-Patterson Luftwaffenbasis in die USA.

Bezüglich der Wright-Patterson Luftwaffenbasis und dem Kalahari-Fall gibt es aber einen weiteren sehr interessanten Aspekt.

Ein in Manchester praktizierender Rechtsanwalt mit dem Namen Harry Harris, der zu dieser Zeit auch ein populärer britischer UFO-Forscher war, machte ein sehr außergewöhnliches Gespräch bekannt, das er im August 1989 mit einem Geschäftspartner führte.

Dem Geschäftspartner von Harris – einem jüdischen Rabbi – sind vollkommen unabhängig von der Recherche Tony Dodds von einer Geheimdienstquelle Daten übermittelt worden, die mit den bereits ermittelten Daten übereinstimmten, wann das UFO über Südafrika abgeschossen und wann es in die USA geflogen wurde. Dieser Mann hatte Informationen bezüglich eines 90seitigen Berichts erhalten, welcher von den Geheimdiensten der USA, Südafrikas und Israels zusammengestellt wurde. Interessanterweise wusste Harris zu diesem Zeitpunkt noch nichts von den Nachforschungen von Dodd und Azadehdel. Dies hatte er dann erst später bezüglich einer Ankündigung für einen UFO-Kongress in Ossett erfahren. Daraufhin schickte Harry Harris ein Fax zur Wright-Patterson Luftwaffenbasis. In diesem Fax fragte er nach wichtigen Daten bezüglich des Zwischenfalls in der Kalahari. Zu seiner großen Überraschung erhielt er sehr schnell ein Rück-Fax von der US-Luftwaffe. Das Fax kam von einem T. B. Wendeln von der Afrika-Abteilung der Wright-Patterson Luftwaffenbasis. In diesem Fax bestätigte man zum ersten Mal Einzelheiten über ein „Objekt", das offensichtlich im Gebiet der Kalahari-Wüste abgestürzt ist. Man gab zu, man hätte „vollständige Kenntnis über die Ereignisse, welche sich am 7. Mai über der Kalahari zugetragen haben". Das fragliche Objekt sei demnach nicht vom südafrikanischen Militär abgeschossen worden, sondern sei vielmehr „wegen fortgeschrittener Materialermüdung abgestürzt". Des Weiteren heißt es in dem Schreiben, dass „an der Absturzstelle keine Lebensformen gefunden wurden" und „der augenblickliche Aufenthaltsort des Objekts zur Zeit nicht festgestellt werden kann". Sonderbar

OCT-17-'89 TUE 15:38 ID: TEL NO: #003 P01

HQ Air Force Logistics Command
International Logistics Center
African Division
Wright-Patterson AFB 45433-5001

FAX 513-257-9950

17 OCT 1989

UFO Incident over Kalahari Desert on 7 May 1989

Harry Harris (Solicitor)
44 Reading Dr
Sale, Greater Manchester
M33 5DL

1. In reply to your 9 October 1989 letter, fax to this command that date. Regretfully, we were unable to route your correspondence to Mr R. Thomas Esq. due to the lack of a complete address. There are approximately 36,000 employees at Wright-Patterson AFB and ten of those are R. Thomas's. Without an office or organizational symbol it is impossible to ensure proper routing.

2. However, the military mail/message handlers did take note of the subject matter and routed your letter to the African Division. We here in the division pride ourselves on keeping close tabs on the pulse of the Dark Continent and are fully aware of the events which took place over the Kalahari on 7 May last. Alas, as you are probably aware we are not at liberty to divulge the alert status of US Forces.

3. Our contacts do advise however that the object in question was not brought down by any white supremist South African forces. But crashed due to 'advanced composites fatigue'. No life forms were found at the site. The current location of the object cannot at this time be determined.

4. I am afraid that this report falls far short of your expectations. Unfortunately, the US Air Force's expectations are never so great. Thank you for your interest and keep us in mind for any future queries you may have.

May the Force Be With You,

Ted B Wendeln

Das erste Fax, das Harry Harris bezüglich dem Kalahari-Fall von der Wright-Patterson Luftwaffenbasis erhalten hat.
(Quelle: QUEST-International)

erscheint der Sprachgebrauch von T. B. Wendeln in diesem Schreiben. In diesem (ersten) Fax an Harry Harris verwendet er Beschreibungen wie „der dunkle Kontinent“, „weiße übergeordnete südafrikanische Streitkräfte“ oder zum Abschluss die Redewendung „Möge die Macht mit Ihnen sein“.

Zu seiner großen Überraschung erhielt Harry Harris ein paar Tage später ein zweites Fax von der Wright-Patterson Luftwaffenbasis. Dieses schrieb wiederum der Mitarbeiter T. B. Wendeln. Nun führte er allerdings aus, dass er „nicht in der Lage sei, die Sichtungen vom letzten Mai zu bestätigen“. Außerdem schrieb er

HQ Air Force Logistics Command
International Logistics Center
African Division
Wright-Patterson AFB 45433-5001

FAX 513-257-0582

26 OCT 1988

UFO Incident over Kalahari Desert on 7 May 1989

Harry Harris (Solicitor)
44 Reading Dr
Sale, Greater Manchester
M33 5DL

Dear Mr Harris,

1. I received your correspondence of 18 October 1989 and reviewed the questions you raised regarding the Kalahari incident. I am afraid that based upon further research I am unable to confirm the sighting of last May. The incident about which I have information occured on 7 May 1988. I will summarize that information below and send you a full report in the post.

2. I am certain that you chose to write to Wright-Patterson AFB due to the fact that the Air Force project 'Blue Book' was handled here. Our office has nothing to do with that effort, nor do I know of any office on the base that does. If in fact the USAF is involved in the storage and study of UFO's at this base it is done in 'complete secrecy', which would be hard to maintain in this era of 'leaks'.

3. However, if you do have some specifics on a sighting this past May perhaps the Royal Observatory or our Smithsonian would be interested. The following information is furnished with regards to the 7 May 88 sighting:
Time: 2145 GMT Place: Bulawayo, Zimbabwe (20.23°S, 28.31°E)
Observer: G.M. Calvert-Matopos Research Station-
Private Bag K5137-Bulawayo, Zimbabwe

Additional Information: Ms Katherine Romanak
Smithsonian Institute (Scientific Event Alert Network)
FAX: 202-357-2476 Voice: 202-357-1511

3. Additionally, the Scientific Event Alert Network publishes a monthly bulletin that may be of interest to you. Hopefully, you will be able to obtain some truly worthwhile assistance from the Smithsonian. I must admit to some true interest in your pursuit and only wish that my position here would afford me an opportunity to pursue this subject further. I am posting the official report o the above incident to you today.

Yours sincerely,

Das zweite Fax an Harry Harris, welches vom selben Luftwaffen-Mitarbeiter stammt, wie das erste Fax aus Wright-Patterson.
(Quelle: QUEST-International)

nun: „Der Zwischenfall, über den mir Informationen vorliegen, ereignete sich am 7. Mai 1988“. Dieses zweite Schreiben beinhaltet ein mögliches Eintreten eines Satelliten in die Erdatmosphäre und einen „Feuerball“ am 7. Mai 1988. Allerdings ereignete sich der UFO-Abschuss am 7. Mai 1989! Auch die Uhrzeiten der beiden Vorfälle sind völlig unterschiedlich.

Tony Dodd erhielt Kopien beider Faxe. Ein Mitglied seiner UFO-Forschungsgruppe QUEST-International überprüfte, ob der Absender dieser beiden Faxe tatsächlich real war. Er nahm einfach das Telefon zur Hand und wählte die Absender-Fax-Nummer im Kopf des Schreibens. Gleichzeitig stellte man auf laut und schaltete einen Taschenkassettenrekorder ein. Kurz nachdem gewählt war, meldete sich eine männliche Stimme am anderen Ende der Leitung.

Anrufer: *„Hallo, bin ich richtig bei der Wright-Patterson Luftwaffenbasis?“*

Antwort: *„Ja, hier ist die Wright-Patterson Luftwaffenbasis. Wie kann ich Ihnen helfen?“*

Daraufhin fragte der UFO-Forscher, nach dem Offizier (Wendeln), dessen Name auf den beiden Faxen stand und wollte mit ihm verbunden werden. Es gab eine kurze Pause. Sein Anruf wurde weitervermittelt und es meldete sich eine Frau, welche fragte, ob sie helfen könne. Auch hier wurde nach dem Offizier Wendeln gefragt, und man erhielt die Antwort, dass er gerade nicht da sei. Und dann kam die entscheidende Frage des Anrufers.

Anrufer: *„Können Sie mir sagen, ob ich überhaupt in der richtigen Abteilung bin? Ist dort die Südafrika-Abteilung?“*

Antwort: *„Ja, Sir, hier ist die Südafrika-Abteilung."*

Dieses Telefonat war nun der Beweis, dass es auf der Wright-Patterson Luftwaffenbasis eine eigene Abteilung gab, die für den afrikanischen Kontinent zuständig war. Außerdem war dieses Telefonat der Beweis, dass der Kontakt von Harry Harris zu Wright-Patterson echt war. Damit scheint auch bestätigt, dass die US-Streitkräfte sehr viel über die Vorgänge in der Kalahari wussten.

In dem abgestürzten UFO fanden die Bergungskräfte auch „Silizium-Chips", welche Unmengen an Aufzeichnungen gespeichert hatten. Im Zuge der Untersuchung entdeckte man auch eine Art von außerirdischer Schrift, welche in der Sprache der Außerirdischen „Ochroes" heißt. Diese Schrift wurde vom amerikanischen Spezialgeheimdienst SIGINT (Signals Intelligence) entschlüsselt und ein Alphabet dieser Sprache erstellt. Ein Whistleblower brachte dieses „Ochroes-Alphabet" später an die Öffentlichkeit. (siehe Abbildung rechts).

Das außerirdische OCHROES-Alphabet.
(Quelle: QUEST-International)

Im Rahmen der Recherchen von Tony Dodd und dem Team von QUEST-International kamen nicht nur das Codewort für die gesamte Operation rund um den Kalahari-Absturz, sondern auch die Codewörter der einzelnen Unter-Operationen ans Tageslicht. Bei jeder sensiblen militärischen Operation gibt es ein festbleibendes, allgemein gültiges Codewort. Darüber hinaus werden spezielle Aspekte einer solchen Operation wieder mit eigenen Codewörtern versehen. Es stellte sich bereits nach kurzer Zeit der Recherche heraus, dass das Codewort für die gesamte Operation *„Project Pantry"* (Projekt Vorratskammer) lautete. *Project Pantry* war die Sicherheitsoperation, die diesen UFO-Fall als Ganzes schützte und für die Geheimhaltung sorgte. Wie in einer Vorratskammer werden „Dinge" aufbewahrt und abgeschottet. Hier die vollständige Auflistung der Geheimoperationen zum Kalahari-Fall:

Geheimcode **„THE PANTRY"**: Dieser Codename war nur für eine Gruppe von hochrangigen Geheimdienst-Offizieren bestimmt, die dafür verantwortlich waren, die totale Geheimhaltung und das Stillschweigen bezüglich des Kalahari-Falles durchzusetzen.

Geheimcode **„SILVER DIAMOND"**: Dies war der Codename für die Bergung, Aufbewahrung und dem eventuellen Weitertransport des abgestürzten Raumschiffes und der gefundenen Wesen.

Geheimcode **„KNOT SHOT"**: Dies war der Codename für alle Informationen bezüglich der Wesen und des Raumschiffs, welche dem Präsidenten von Südafrika und dem Büro der Staatssicherheit (State Security) übermittelt wurden.

Geheimcode **„BUGEYE"**: Geheimcode für alle Informationen, welche die außerirdischen Lebensformen (z. B. medizinische Informationen) betrafen.

Geheimcode **„SUPERWRIT"**: Codename für alle übersetzten Dokumente, welche in dem fremden Raumschiff gefunden wurden.

Geheimcode **„STARDOME"**: Codename für die Informationssammlung, welche alle Daten enthält, die die südafrikanischen und amerikanischen Untersuchungsteams über das Objekt und die Wesen herausgefunden bzw. analysiert haben.

Geheimcode **„THUNDERBALL"**: Der Geheimcode für alle Informationen, welche bezüglich der Energiequelle, der elektronischen Systeme und der Bewaffnung in und an dem Raumschiff gefunden wurden.

Geheimcode **„SOLVENT SIX"**: Codename für alle Informationen aus den USA, die die Verteidigung gegen die außerirdischen Lebensformen betreffen.

Geheimcode **„THRONE ROOM"**: Codename für Ebene 6 der Waterkloof Luftwaffenbasis in Südafrika.

„Illuminated Nine“

Von Seiten der Südafrikaner gab es offensichtlich gewaltige Drohungen gegen Anthony Dodd und seine Forscher-Kollegen. So rief Graham Birdsall von QUEST-International in der südafrikanischen Botschaft in London an, um die Mitarbeiter dort mit den schon bestätigten Informationen zum Kalahari-Vorfall zu konfrontieren. Vielleicht konnte man ja so zu weiteren Informationen kommen. Als er den Namen „van Greunen“ ins Spiel brachte, wurde die Atmosphäre des Telefonats plötzlich sehr düster. Ein Beamter der südafrikanischen Botschaft fragte nach dem Aufenthaltsort von van Greunen, woraufhin Graham Birdsall sagte, dass er dies nicht wisse. Der englische UFO-Forscher wollte dann das Gespräch beenden und sagte: *„Ich werde wahrscheinlich bald wieder mit Ihnen sprechen.“* Woraufhin der Südafrikaner sagte: *„Oh, ich bin mir sicher, Sie und ich, wir werden in naher Zukunft wieder miteinander sprechen.“* Die Art und der Ton, mit der er diesen letzten Satz sagte, ließ Graham Birdsall einen kalten Schauer den Rücken herunter laufen. Ihm war in diesem Moment klar, dass er gerade mit jemanden gesprochen hatte, der ihm kaltblütig drohte.

In den Wochen und Monaten darauf, gab es noch etliche schwere Drohungen verschiedener Art gegen Tony Dodd und sein Ermittler-Team. Das ging so weit, dass Menschen gezwungen waren, „sichere Orte“ in England und im Ausland aufzusuchen. In dieser Zeit machte sich die Frau von Tony, Pauline, die größten Sorgen. Allerdings erkannte man auch die Entschlossenheit der Forscher, und so bemerkte man, das der britische Geheimdienst ihrer Sache mitfühlend gegenüberstand. Dies führte offensichtlich dazu, dass Tony Dodd einige höchst geheime Dokumente erhalten hatte, welche wichtige Fragen aufwarfen. Diese waren:

Wurden Frankreich und Israel in der Kalahari-Angelegenheit von den Amerikanern im Dunkeln gelassen?
Könnte das wiederum dazu geführt haben, dass diese Länder ihre eigenen Leute in die Kalahari geschickt haben?
Ist das vielleicht der Grund gewesen, warum ein französischer Geheimagent von einem CIA-Mitarbeiter ermordet wurde. Dies berichtete ein brasilianischer Beamter, der die Absturzstelle in der Kalahari besuchte.

Nun kann man sich natürlich fragen, ob und warum ein Land wie Frankreich sich so in diesen Fall stürzen würde. Dabei darf man allerdings nicht vergessen, dass es die Weltöffentlichkeit auch kam glauben konnte, als die französische Regierung am 10. Juli 1985 das Greenpeace-Schiff „Rainbow Warrior“ durch den französischen Geheimdienst versenken ließ. Die Agenten wurden ausgeschickt, um unter dem Rumpf des Schiffes, das sich damals in neuseeländischen Gewässern befand, eine Bombe zu deponieren. Ein Mannschaftsmitglied der „Rainbow Warrior“ wurde bei der darauf folgenden Explosion getötet. Die ganze Aktion wurde durchgeführt, um das Schiff daran zu hindern, französische Atombombentests im Pazifik zu stören.

Was aber bezüglich des Kalahari-Falles und der Einmischung Frankreichs noch viel wichtiger ist: Frankreich sieht sich – obwohl die Kolonialzeit vorüber ist – noch immer als der „Herr von Afrika“. Außerdem war Frankreich zu jener Zeit (1980er Jahre) der größte Waffenlieferant für Südafrika. So flog Südafrikas Luftwaffe Mirage-Kampfjets und Alouette-Hubschrauber aus Frankreich.

Im Rahmen seiner Recherchen bezüglich der Verbindung Südafrika – USA, den Kalahari-Fall betreffend, erhielt Tony Dodd einige hochinteressante Dokumente aus dem Umfeld amerikanischer

Geheimdienst-Quellen. Darunter war auch ein Dokument, welches nicht nur wegen seines Informationsgehalts sehr interessant war. Auch der Verteilerschlüssel bezüglich der Adressaten des Dokuments warf einige Fragen auf. Es handelt sich dabei um ein vom Department of Defence (DoD) der USA als „Top Secret" klassifiziertes Schreiben vom Büro des Wissenschafts-Geheimdienstes (Office of Scientific Intelligence) auf der Wright-Patterson Luftwaffenbasis. Tony Dodd war sich zu einhundert Prozent sicher, dass es sich um ein absolut echtes Dokument handelt.

VZCZCJCS352
RE RUECHFA
DE RUSOHFA
DE RUSOHFA 300 2050520
ZHY SSSSS
P [redacted] Z JUL 89
FM [redacted]
TO [redacted]
INFO RUEOJFHQ/PLPOYDIV CIA WASH DC
RUEDIFIG/OSI WPAFB OHIO
RUEBBA/INLOGCEN WP/FTD OHIO
RUEBBA/FT BELVOIR VA
RUBBEA/CINCSTRIKE MACDILL AFB FL
RUBBAL/NSA Q45-0
DA DUE
T O P S E C R E T — DOD 0215 JUL 89 1278TH
FOR AFNIAD FOR AFNIAAB: AFSC FOR SDFP: FTD FOR TD ANE:
CINCSTRIKE FOR JCS. CIA PASS TO NSA FOR ANALYSIS.
SUB: KALAHARI INCIDENT MAY 89
REF: CIA WASH DC DIR 0121 JUN 89
MSG BRIEF BELOW
1., FULL COORDINATION REQUIRED. [redacted] REVEALS CRAFT DIFFICULT TO OPERATE AND CONTROL.
A. 28 MAY, NAVINTELL [redacted] FUNCTION UNKNOWN, OPERATION KNOWN, [redacted]
B. JUN 15, NAVINTELL RECEIVED REQUEST FROM CIA FOR PHOTOGRAPHS OF TWO OBJECTS BELIEVED TO BE WEAPONS.
C. JUN 27 RECORDS FOUND ABOARD CRAFT TRANSLATED BY [redacted]. ALIEN ENTITIES HOSTILE TOWARDS MANKIND. ADVISED DR. [redacted] TO FIND SOLUTION, AS TO ULTIMATE INTENTIONS OF ENTITIES.
D. [redacted] THEN PROBLEM MANKIND IS FACING IS NOT ELIMINATED BUT ONLY INTENSIFIED. REQUEST [redacted].
E. FURTHER ACTION REQUIRED REGARDING COMMUNICATION ACTIVITIES OF ENTITIES. NSA ASSIGNED TO PROJECT.
T O P S E C R E T
ACTION: CIAPLPOYDIV: (DA/BE) FIL/WP: NAVINTELL:
OFFNAVREAS/1567TH GRP: DJD-SL.
COPIES (CIA3); (NSA3); (DIA6); (MACDILL AFB1);
(WPAFB INLOGCEN1); (ILLUNIN1).

WARNING: INFORMATION CLASSIFIED TOP SECRET.

TCHU
GH
BUJ YY

Das DoD-Dokument, welches von Tony Dodd zu hundert Prozent als echt eingestuft wurde. Man beachte besonders den Verteilerschlüssel mit den Verweisen auf die MacDill Luftwaffenbasis und „Illuminated Nine".
(Quelle: QUEST-International)

Dieses Dokument wurde im Juli 1989 erstellt, also in etwa 2 Monate nach dem Kalahari-Abschuss. Im Betreff bezieht sich das Dokument auf den „KALAHARI ZWISCHENFALL MAI 89“.

Der weitere Text besagt folgendes:

> Volle Abstimmung ist erforderlich. (geschwärzt) ...zeigt, dass das Raumschiff schwierig zu bedienen und zu kontrollieren ist.
>
> 28 Mai: Der Marine-Geheimdienst (NAVIINTELL) nimmt an, dass zwei Objekte, die an Bord des Raumschiffs gefunden wurden, Waffen sind. Von einem (geschwärzt) ist die Funktionsweise unbekannt aber die Bedienung bekannt. Dies erfordert weitere Untersuchungen von Dr. (geschwärzt).
> 15. Juni: Der Marine-Geheimdienst (NAVIINTELL) erhielt eine Anfrage der CIA nach Fotos der beiden Objekte, von denen man annimmt, dass es sich um Waffen handelt.
> 27. Juni: Aufzeichnungen, die an Bord gefunden wurden, wurden von (geschwärzt) übersetzt. Die fremden Wesen stehen der Menschheit feindlich gegenüber. Dr. (geschwärzt) empfiehlt, zu ergründen, was die eigentliche Absicht der Wesen ist.
> (geschwärzt)dann ist das Problem, dem sich die Menschheit gegenüber sieht, nicht eliminiert, sondern nur verstärkt. (geschwärzt) anfordern.
> Weitere Maßnahmen bezüglich der Kommunikations-Verfahren der Wesen sind erforderlich. Der NSA zur Planung zugewiesen.

Das eigentlich noch interessantere an diesem Schreiben ist aber der Verteilerschlüssel am Ende. Im Verteilerschlüssel wird angezeigt, welche Abteilung oder Behörde Kopien des Schreibens erhält. Auch die Anzahl der Kopien je Adressat ist jeweils angegeben (Beispiel: CIA3). Bei diesem Verteilerschlüssel fallen zwei Adressaten besonders auf. Zum einen der Adressat (MACDILL AFB1) sowie der Adressat (ILLUNIN1).

Der Adressat (MACDILL AFB) ist deswegen so interessant, weil es sich hierbei um die „MacDill Air Force Base“ in Tampa (Florida) handelt. Ganz offensichtlich ist dies der Ort, an dem das abgeschossene UFO zu diesem Zeitpunkt aufbewahrt wurde. UFO-Forscher, die sich schon eingehend mit der Geheimhaltung außerirdischer Technologie durch die USA beschäftigt haben, hätten erwartet, das der Adressat die „Nellis Air Force Base“ (NELLIS AFB) gewesen wäre. Der Grund ist ganz einfach: Die Nellis Air Force Base in Nevada ist die zuständige Adresse für die sogenannte „Area 51“. Die „Area 51“ ist eine geheime Militäreinrichtung im US-Bundesstaat Nevada. Die tatsächlichen Namen sind „Homey Airport“ oder „Groom Lake“. Die Basis liegt innerhalb des großen Luftwaffenübungsgeländes der Nellis AFB, als eigene zusätzlich gesicherte militärische Anlage. Ihre Existenz wurde lange geheim gehalten und erst im August 2013 vom US-amerikanischen Geheimdienst CIA bestätigt. Die US Air Force testet dort neue Technologien – so die offizielle Schreibweise. Die Area 51 soll auch der Ort sein, zu dem das 1947 in Roswell abgestürzte UFO abschließend gebracht wurde. Nach Angaben des Whistleblowers Bob Lazar gibt es auf dem Gelände auch eine spezielle Einrichtung mit der Bezeichnung „S-4“. Als er dort arbeitete hat Lazar - nach eigenen Angaben - neun verschiedene außerirdische Raumschiffe selbst gesehen. Nachdem Lazar 1989 mit seinem Wissen an die Öffentlichkeit ging, war die Area 51 plötzlich im Blickfeld des öffentlichen Interesses. Doch auch schon vorher gab es immer mehr Berichte über seltsame

Dinge auf dieser Basis. Ganz offensichtlich – und dieser Meinung bin nicht nur ich – wurde es den Verantwortlichen „zu heiß“ in Nevada. Ein Hinweis darauf, wohin man möglicherweise einen großen Teil der geheimen Installation verlegt haben könnte, gibt die Angabe des Adressaten (MACDILL AFB) im Verteiler des Kalahari-Dokuments: Die MacDill Lufwaffenbasis in Tampa!

Die MacDill Air Force Base ist Hauptquartier der „Unified Combatant Commands US Central Command“ (USCENTCOM) und des „US Special Operations Command“ (USSOCOM). Dieses „US Special Operations Command“ (USSOCOM oder SOCOM) ist das „Kommando für Spezialoperationen der Vereinigten Staaten“. Es ist eine teilstreitkraftübergreifende Kommandoeinrichtung sämtlicher (!) US-amerikanischer Spezialeinheiten der „US-Army“, „US Air Force“, „US Navy“ und des „US Marine Corps“. Das heißt, es handelt sich um eine äußerst wichtige Militärbasis der USA. Es wäre eine ideale Ausweich-„Area 51“. Der ehemalige NASA-Mitarbeiter und Whistleblower Bob Oechsler berichtete von einem Aufenthalt auf einer geheimen Basis im Golf von Mexiko, nicht weit von Florida entfernt. Es war eine geheime Basis der Luftraumüberwachung (NORAD). Er sah dort in einem großen Kontrollraum eine riesige, gebogene Leinwand, die etwas Dreidimensionales mit großer Tiefenwirkung hatte. Man sah dort einen Quadranten der Vereinigten Staaten, welcher den unteren Teil des Golfs von Mexiko, Florida, Alabama und Mississippi umfasste. Auf der Leinwand bemerkte er eine Reihe von Blink-

Der Ex-NASA-Mitarbeiter und Whistleblower Bob Oechsler. (Quelle: UFO MAGAZINE)

zeichen, die sich seitlich nach links bewegten. Soweit er sich erinnern konnte, waren es fünf Blinkzeichen und sie bewegten sich alle durch einen Art Wirbel, welcher sich im Großraum der Keesler Air Force Base in Mississippi befand. Die Blinkzeichen trugen alle die Bezeichnung „ASC“. Oechsler hörte, wie sie jemand dort als „Alternative SpaceCraft“ bezeichnete.

Zudem fällt auf, dass sich in diesem Gebiet seit Ende der 1980er Jahre sehr viele UFO-Sichtungen und –vorfälle ereigneten. Man nehme hier beispielsweise nur einmal die Vorgänge in Gulf Breeze, Florida in Augenschein. Auch die sogenannten „Viehverstümmelungen“ wechselten in dieser Zeit zum Großteil vom Mittelwesten der USA in den Südosten (Alabama, Texas, Florida). Dies alles unterstützt die Vermutung, dass sich ab 1989/1990 die wichtigen Sachen aus der Area 51 tatsächlich in Tampa befanden. Wenn es so war, dann war es ein tolles Manöver. Alle Welt schaut auf Nevada, aber die wichtigen Dinge waren längst in Florida.

Die in dem Verteilerschlüssel des Dokuments genannte Adresse ILLUNIN halte ich aber für noch wichtiger als den Hinweis auf die MacDill AFB als neue Area 51. Bei ILLUNIN handelte es sich um eine streng geheime Gruppe von Generälen und Politikern (darunter angeblich auch die ehemaligen Präsidenten Botha und de Klerk) in Südafrika, die damit eine Art Geheimregierung des Landes darstellten. Wie lange es diese Gruppe schon gab, ist bis jetzt noch nicht geklärt. Sie hat aber definitiv auch nach der Machtübernahme von Nelson Mandela und dem ANC bestanden. Diese Gruppe war es auch, die die Verbindung zwischen den USA und Südafrika auf südafrikanischer Seite bezüglich des Kalahari-Zwischenfalls hielt. Das bezog sich sowohl auf den Austausch des UFOs gegen Atomwaffen-Trägersysteme, als auch der weiteren gemeinsamen Forschungen bezüglich der abgestürzten Wesen. Im Falle des weiter hinten (Kapitel IV.) zu behandelnden Lesotho-Zwischenfalls wird uns die Gruppe der „Illuminated Nine“ (Die erleuchteten Neun) noch mehrere Male über den Weg laufen.

Projekt „HORNET“

In seinem 1999 erschienenen Buch „Alien Investigator“ schreibt Tony Dodd folgendes:

„...Das Jahr 1997 brachte einen überraschenden und zugleich erfreulichen Durchbruch. Durch einen meiner Kontakte erfuhr ich von einer Wissenschaftlerin, die zu der Zeit, als sich der Kalahari-Zwischenfall ereignete, am „Groote Schuur Hospital“ (Das Krankenhaus wurde durch den Chirurgen Dr. Christiaan Barnard, der dort die erste Herzoperation weltweit durchführte, weltbekannt) gearbeitet hatte. Gemäß den Informationen meines Informanten, war diese Frau - die jetzt in Europa lebte - bei einer Autopsie zugegen, die in dem Krankenhaus an einem außerirdischen Körper, welcher beim Absturz geborgen wurde, durchgeführt wurde. Es war mir möglich, sie telefonisch zu kontaktieren. Nach einem kurzen verbalen Gefecht von ein paar Minuten, gab sie schließlich zu, dass eine Obduktion an einem toten Alien-Körper stattfand, welcher Spezialisten verschiedener Richtungen beiwohnten. Sie sagte mir, dass der deutlichste Unterschied zwischen dieser Lebensform und unserer eigenen war, dass da keine offensichtlichen Geschlechts- oder Reproduktionsorgane da waren. Außerdem waren kein Immunsystem und kein Verdauungssystem vorhanden. Die Beschreibung des Körpers, die sie gab, war die eines „klassischen“

Tony Dodds Buch „Alien Investigator“.
(Quelle: HEADLINE Publishing)

Grey-Aliens: klein, glatte graue Haut, keine Körperbehaarung, ein großer Kopf mit riesigen dunklen oval-förmigen Augen.

Sie sagte, dass alle, die bei der Obduktion dabei waren, gewarnt wurden, unbedingt Stillschweigen über die Autopsie zu bewahren, und sie nur deshalb mit mir darüber spricht, weil sie nicht länger in Südafrika lebt. Sie ging – so sagte sie mir – dort weg, weil sich die Abläufe in diesem Krankenhaus verschlechtert hatten. Sie erzählte mir, dass sie kurz nach der Autopsie versucht hat, sich die Ergebnisse mit dem Krankenhaus-Computer auszudrucken, aber die Datei war entfernt worden. Ich fragte sie, ob sie mir den Kontakt zu anderen Personen, die dabei waren, vermitteln könne, damit diese mir ihre Angaben bestätigen könnten. Aber sie sagte, dass sie dieses Risiko nicht wagen will. Sie – wie viele andere, die in diesen Fall involviert waren - klang verängstigt, obwohl schon über acht Jahre seit diesen Vorfällen vergangen waren.

Obwohl das, was sie mir sagte, zum Teil völlig dem widersprach, was wir schon früher wussten – das alle geborgenen Körper und die gesamte Hardware des Absturzes zur Wright-Patterson Luftwaffenbasis ausgeflogen wurden – war es eine signifikante Bestätigung der wesentlichen Fakten. Ich kann nur annehmen, dass entweder die Amerikaner zustimmten, einen Körper den Südafrikanern zu überlassen, oder – was wohl am wahrscheinlichsten ist – das die Südafrikaner einfach schnell einen zur Seite schafften, bevor das amerikanische Team eintraf.

Aber Tony Dodd hatte noch viel mehr! Ebenfalls 1997 erhielten wir von Tony ein vierseitiges Dokument, welches als „TOP SECRET/ EAGLE“ klassifiziert war. Dabei geht es um ein Geheimprojekt mit dem Codenamen „HORNET“ (Hornisse). Der Zusatz „Eagle“

(Adler) bei der Klassifikation des Dokuments steht wohl für die Zusammenarbeit mit den USA in diesem Bereich. Ganz offensichtlich ist der Zweck dieser Gemeinschaftsoperation von USA und Südafrika, genauere Informationen über die im

COPY ONE OF ONE

DEPARTMENT OF AIR FORCE INTELLIGENCE (DAFI)
DEPARTMENT OF SPECIAL INVESTIGATIONS AND RESEARCH (DSIR)

• WARNING / CLASSIFIED INFORMATION •
RESTRICTED ACCESS

CLASSIFIED TOP SECRET/EAGLE

EYES ONLY

Date:	9 January 1990
Subject:	Biological Alien Life Forms
Code Name:	HORNET
From File:	SILVER DIAMOND
Classification:	RED/TOP SECRET/EAGLE
Access:	Illuminated Nine/Eyes Only
Origin:	BLENHI War Command Offices, Pretoria
Destination:	Intergovernmental Intelligence Office
Priority Code:	DEFCON 1
Spectrum lot:	Blue Defense Computer Pass Code to be advised

700TW59CL.A

CLASSIFIED TOP SECRET/EAGLE – EYES ONLY

Das Deckblatt des 4seitigen Dokuments bezüglich des Geheimprojekts mit dem Codenamen „HORNET".
(Quelle: : Anthony Dodd)

Kalahari-Raumschiff gefundenen Wesen zu bekommen. Die Informationen betreffen die gefundenen Wesen (Biological Alien Life Forms). Es wird auch ein - von zwei oder mehreren Regierungen genutztes - Geheimdienstbüro (Intergovernmental Intelligence Office) als Bestimmungsort für diese Informationen genannt. Zu den fremden Lebensformen wird in dem Dokument folgendes berichtet (Hervorhebungen durch den Autor):

VORLÄUFIGER REPORT STATUS B:
PSYCHOLOGISCHE STUDIEN AN DER VALHALLA LUFTWAFFENBASIS BEZÜGLICH DER FREMDEN LEBENSFORMEN, WELCHE AN BORD DES IN DER KALAHARI GEBORGENEN RAUMSCHIFFES GEFUNDEN WURDEN

a, Alle an Bord des fremden Raumschiffes gefundenen Informationen betreffend die Evolution der fremden Lebensformen weisen auf eine Entwicklung hin, ähnlich wie wir sie von der Erde, vor dem Aussterben der Dinosaurier, her kennen. ***Unsere Wissenschaftler kamen zu dem Schluss, dass bezüglich dieser intelligenten Wesen, aufgrund der Tatsache, dass sie sowohl photosynthetisch als auch reptilisch sind, eine Art von gezüchteter Kreuzung vorliegt, die bisher auf der Erde noch nicht gefunden wurde.*** *Diese Art gezüchteter Kreuzung kann bis jetzt mit unserem heutigen Stand der Wissenschaft nicht verstanden werden, allerdings weist sie auf einen hohen Grad von Anpassungsfähigkeit hin. Weitere physische als auch psychische Studien, die in Südafrika und den Vereinigten Staaten durchgeführt wurden, zeigten eine einfache aber komplexe Verhaltensstruktur auf.* ***Es scheint so, als ob diese Lebensformen nicht unabhängig von einem Gruppenbewusstsein und einer Gruppenidentität, in Zusammenspiel mit einer zentralen Kommandostelle, tätig werden können.***

b, Übereinstimmend mit zusätzlichen Informationen, welche an Bord des geborgenen Raumschiffes gefunden wurden, ist ihnen eine separate Rasse als Vorgesetzte bestimmt. (Rest geschwärzt)

PAGE 2 OF 3

COPY ONE OF ONE

CLASSIFIED TOP SECRET * DO NOT DIVULGE

EYES ONLY

PRELIMINARY REPORT STATUS B:
PSYCHOLOGICAL STUDIES AT VALHALLA AFB REGARDING ALIEN LIFE FORMS FOUND ABOARD CRAFT RETRIEVED FROM THE KALAHARI

a) All informations found aboard alien spacecraft concerning the evolution of alien life forms indicates to an evolution similar to that what we find on Earth prior to the extinction of the dinosaurs. Our scientists formulated the conclusion that these intelligences due to the fact that they are photosynthetic and reptilian, a form of cross-breeding not yet found on the Earth has taken place. These form of cross-breeding can not yet be comprehended by physical science as we know it today, but indicates a high dregree of adaptability. Further physiological and psychological studies performed in South Africa and in the United States points to a simple but complex structure of behaviour. It would seem as if these lifeforms can not function independently without group intelligence and identity together with a central command.

b) According to additional informations found aboard retrieved craft a separate race is designated superior by them. [redacted]

CONCLUSION

An in depth study and analysis of the psychological make-up and behaviour prediction is advised. Studies performed on two alien life forms captured has proven that they cannot act independently or from own acquired intelligence without access to communication, orders and instructions from a hierarchy or central command. [redacted] This will prove to be the answer to the great problem mankind is facing. Solution No. 2 will be a

CLASSIFIED TOP SECRET * DO NOT DIVULGE

Die erste Textseite des „HORNET"-Dokuments.
(Quelle: : Anthony Dodd)

SCHLUSSFOLGERUNG

Eine gründliche Untersuchung und Analyse der psychologischen Verfassung und Prognose der Verhaltensweisen ist angeraten. ***Studien, welche mit zwei der gefangenen fremden Lebensformen durchgeführt wurden, haben gezeigt, dass diese nicht unabhängig oder durch eine eigenständig erworbene geistige Begabung agieren können, wenn sie keinen Zugang zu Kommunikation, Befehlen und Anleitungen einer bestimmten Rangordnung oder einem Zentralkommando haben.*** (die nächste Zeile wurde geschwärzt) ***Das würde die Antwort bezüglich des großen Problems liefern, welchem die Menschheit gegenübersteht.*** *Die Lösungsmöglichkeit Nr. 2 wäre die Zucht und Freisetzung einer Art viraler und/oder bakterieller Kultur, wie es Dr. Horst Manjevsky von der Abteilung für Mikrobiologie von der Universität von Südafrika (in Pretoria) vorgeschlagen hatte.*

Weitere Resultate bezüglich der Lösung bleiben noch ausstehend, bis die Wissenschaftler, sowohl aus Südafrika und den Vereinigten Staaten, sich auf einer gemeinsamen Geheimdienst-Konferenz treffen, welche für 23. bis 25. März 1990 in Pretoria angesetzt ist, um das Problem anzugehen.

Generalleutnant F. S. Visagia
Abteilung für spezielle Ermittlungen und Forschung, Pretoria

Ich habe Teile dieser Informationen bereits in meinem Buch „Verschlusssache Philadelphia-Experiment" veröffentlicht. Insgesamt bedeuten die Informationen aus dem Dokument ganz klar, dass die „Grauen" in Ihrer Struktur und Funktion „Bioroboter" sind, die lediglich das ausführen, was Ihnen ihre „Schöpfer" auftragen.

Auf Seite 4 des Dokuments ist auch noch die Kopie eines Fotos dieser „Grauen" zu sehen. Dabei ist zu erkennen, dass an der unteren linken Ecke des Fotos ein Stempel mit dem Symbol

COPY ONE OF ONE

CLASSIFIED TOP SECRET DO NOT DIVULGE

EYES ONLY

SUPPLEMENT A / PHOTOGRAPHIC EVIDENCE A.R. P 230401A

DATE: 7 May 1989

SUBJECT: The Kalahari Incident/Biological Alien Life Forms

CODE NAME: HORNET

FROM FILE: SILVER DIAMOND/RECLASSIFIED

CONTENT: Preliminary evidence for study and analysis: Photograph one - recovered alien life form (ALF)

CLASSIFIED TOP SECRET • DO NOT DIVULGE

Seite 4 des „HORNET"-Dokuments.
(Quelle: : Anthony Dodd)

des südafrikanischen Militärs und dem Datum 07. Mai 1989 zu erkennen ist. Natürlich kann man auch hierbei nicht ausschließen, dass es sich um ein nachgestelltes Dokument handelt, allerdings haben wir bezüglich des Kalahari-Falls bereits gesehen, dass auch die Informationen der anderen Unterlagen der Wahrheit entsprachen. Warum sollte es dann hier anders sein?

Abschließend noch der Bericht eines südafrikanischen Geheimdienst-Agenten, welcher sich seither ebenfalls auf der Flucht befindet, weil Informationen über den Vorfall publik wurden (es handelt sich dabei nicht um van Greunen oder Greeff!). Dieser Mann war in der Lage, Tony Dodd sehr detailliert zu beschreiben, wie die Bergungsaktion durch das südafrikanische Militär von statten ging:

„Es machte sich sofort ein Bergungsteam auf den Weg, nachdem das Objekt heruntergekommen war. Es stimmt tatsächlich, dass ein Hubschrauber, welcher als erstes an der Einschlagstelle ankam, mit seiner Mannschaft abstürzte. Ganz offensichtlich geschah dies, als der Hubschrauber das UFO aus nächster Nähe überflog. In diesem Moment brach die Elektronik des Hubschraubers zusammen, er stürzte ab und die gesamte Mannschaft war tot. Daraufhin näherte man sich dem abgestürzten Raumschiff wesentlich vorsichtiger. Zu diesem Zeitpunkt waren dann keine anderen Hubschrauber oder Flugzeuge mehr in der Luft. Die Hubschrauber und Flugzeuge beobachteten dann die Absturzstelle nur noch aus der Ferne. Als dann schwere Geländefahrzeuge des Militärs dort eintrafen, bekamen auch diese Schwierigkeiten mit der Elektrik, wenn sie näher an das Objekt kamen. Sie stoppten Ihre Fahrzeuge so nahe an dem UFO wie möglich und forderten über Funk eine bestimmte Substanz an, welche man dann zum Absturzort brachte. Ich weiß nicht, welche Substanz das war. Man

strich sie anscheinend außen auf das gesamte Raumschiff. Dadurch wurde dieser elektromagnetische Effekt, welcher durch das Objekt erzeugt wurde, aufgehoben. Als dieser Effekt weg war, konnten die Bergungsfahrzeuge direkt an das Objekt heranfahren. Dieses Objekt hatte den Absturz unversehrt überstanden. Auffällig war nur, dass ein Teleskopbein ausgefahren war. Möglichweise kam es da aufgrund des Einschlags zu einer Fehlfunktion. Es hatte beim Aufprall einen großen Krater erzeugt und war zur Seite geneigt. Es gab aber keine sichtbaren Schäden an dem Objekt.

Nach meinen Informationen waren an der Absturzstelle Militärs und die Personen, welche die schweren Transportgeräte und das schwere Bergungsgerät bedienen konnten. Die Wissenschaftler waren sicher in Verbindung mit dem Militär. Meiner Meinung nach war das ohne Zweifel eine militärische Operation. Nach den mir vorliegenden Informationen dauerte die Bergung mehrere Stunden. Darüber weiß ich aber nicht so viel. Ich erfuhr, dass dann Schwertransporthubschrauber zu diesem Objekt gebracht wurden, die es anheben sollten.

Nachdem das UFO in der südafrikanischen Luftwaffenbasis untergebracht wurde, hörte man plötzlich Geräusche, welche aus dem Inneren des Objekts kamen. Dann öffnete sich eine Art Tür an der Seite des Objekts. Die Tür öffnete sich allerdings nur ein paar Zentimeter – offensichtlich war es eine Folge des harten Aufschlags beim Crash, dass sie klemmte. Das Militär benutze dann hydraulisches Gerät, um die Tür ganz auf zu bekommen. Als sich die Tür schließlich vollständig öffnete, torkelten diese beiden Außerirdischen heraus. Sie waren relativ klein. Das Team vor Ort hat sofort erkannt, dass einer der beiden schwer verletzt war. Der unverletzte Außerirdische gab ihm etwas Hilfestellung. Die beiden wurden sofort unter Bewachung gestellt. Auf dem

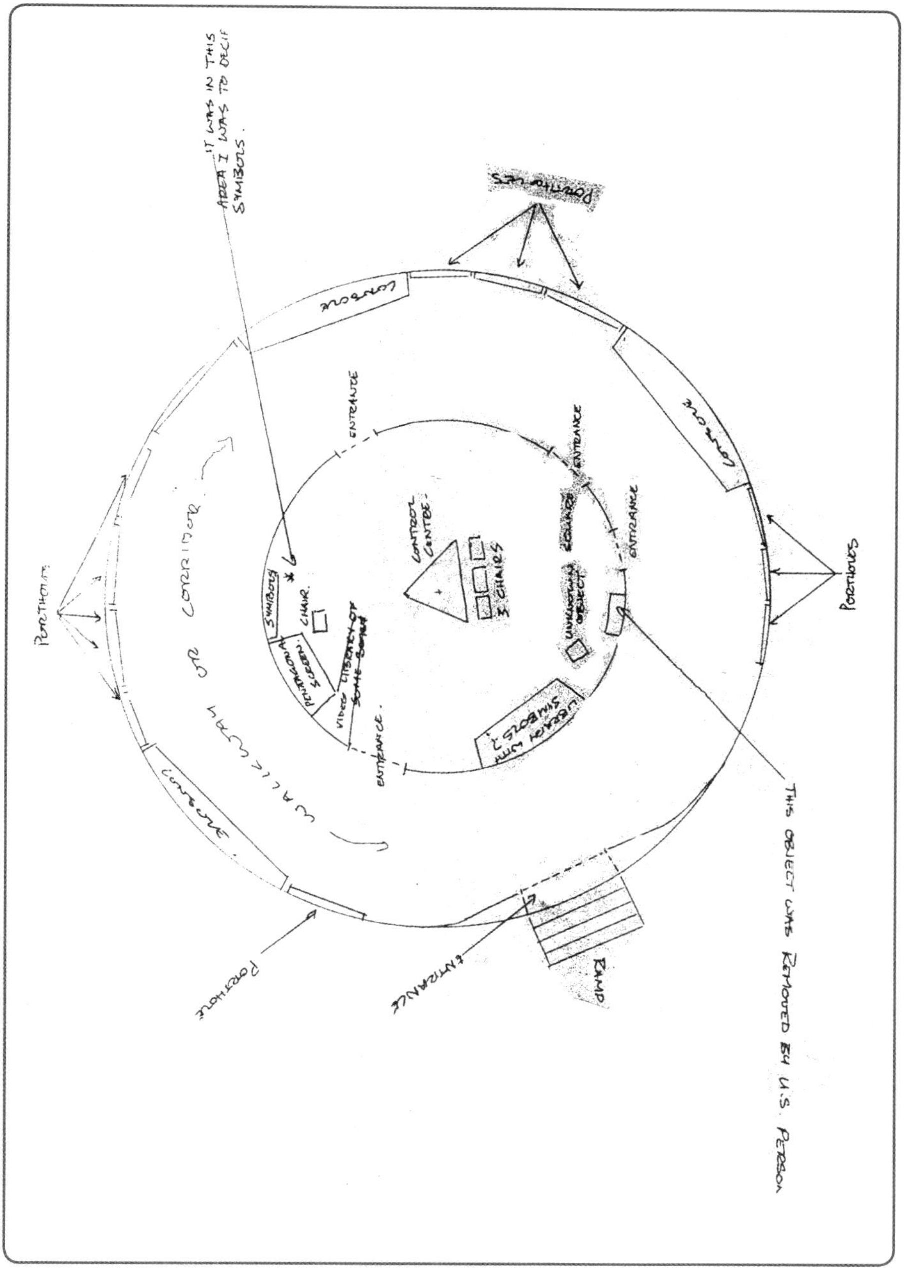

Querschnitt durch das Kalahari-UFO. Hier wurde auch eingezeichnet, wo sich das Objekt befand, welches das US-Spezialteam sofort als Erstes ausbaute, als es das Raumschiff betrat.
(Quelle: Anthony Dodd)

Luftwaffenstützpunkt wurde sofort eine medizinische Einrichtung eingerichtet, welche die beiden Außerirdischen beherbergen und isolieren sollte. Soweit ich weiß, versuchten die Ärzte dem verletzten Alien zu helfen. Allerdings wurde einer der Ärzte verletzt, als man versuchte Blutproben von den Kreaturen zu nehmen. Der Außerirdische reagierte sofort und verursachte bei einem Arzt tiefe Kratzwunden im Gesicht und an der Brust.

Danach wurde alles zum Stillstand gebracht, bis die Amerikaner eintrafen. Als die US-Soldaten eintrafen, übernahmen sie sofort alles weitere. Diese US-Sondereinheit betrat das Raumschiff und entfernte sofort verschiedene Teile der Technologie des Objekts. Dies alles durften nur die Amerikaner machen. Ich erhielt die Information, dass diese Leute auch wussten, wie man mit den Aliens umgehen muss. Das ganze Vorgehen des amerikanischen Teams war ganz klar strukturiert – es lief wie automatisch ab. Anschließend brachte man alles an Bord der beiden Galaxy C-51-Flugzeuge. Sie flogen dann zur Wright-Patterson Luftwaffenbasis, wo Sie später auch eintrafen.

IV

Lesotho 1995 – Ein zweiter Kalahari-Fall?

„Mein Name ist Abe Lochwela. Ich werde bestraft werden. (...) Ich weiß, dass Sie einer der beiden sind, die sich mit der südafrikanischen Angelegenheit befassen. Ich werde später nochmal anrufen. (...) Sie können mich nicht zurückrufen – Ich bewege mich von Ort zu Ort. Good Bye."

(Nachricht vom 2. Juli 1997 auf dem Anrufbeantworter des Autors)

Die ersten Informationen

Es war ein kalter Freitagabend im Februar 1996, als ich zusammen mit Herbert G. – einem sehr guten Freund – beim sogenannten „Ufo-Stammtisch" in München auftauchte. Wir wurden durch ein Inserat in einem Fachmagazin auf dieses Treffen aufmerksam, woraufhin wir ins Auge fassten, auch in unserer Gegend ein solches monatliches Treffen zu etablieren. Doch vorher wollten wir sehen, wie dieses Treffen in München organisiert ist. (Übrigens: Bereits im März 1996 veranstalteten wir dann unser erstes „UFO-Interessenten-Treff" in Regen im Bayerischen Wald. Aus diesem Treffen wurde dann später das „Treff für Grenzwissen Regen" bzw. einfach das „Regentreff" genannt.)

Als wir das Veranstaltungslokal in München betraten, fiel uns zuerst auf, dass die Veranstaltung im Nebenzimmer abgehalten wurde und sich bereits etwa zwanzig Personen an die hufeisenförmige Tafel gesetzt hatten. Die Veranstalterin, Uschi F., ergriff im weiteren Verlauf das Wort und bot den

Gästen an, an diesem Abend noch ein „Nostradamus"-Video zu zeigen. Gleichzeitig wurden einige lose Blätter durch die Reihen gereicht, welche ein Besucher mitgebracht hatte. Der Mann hieß Manfred, er saß zufälligerweise direkt neben mir, und arbeitete zu dieser Zeit zusammen mit seinem Bekannten Alfred in dessen Reisebüro mit dem bezeichnenden Namen „Zauber-Reisen 2000". Bei den mitgebrachten Blättern handelte es sich um Kopien von „Geheimunterlagen zu einem UFO-Absturz in Lesotho" die er nur einen Tag zuvor gemacht hatte, als eine angebliche südafrikanische Geheimdienst-Agentin mit diesen Unterlagen im Reisebüro war. Seltsamerweise waren die meisten Besucher des Treffens nicht sonderlich an den Unterlagen interessiert und wollten lieber das Video über den Propheten Nostradamus sehen.

Als ich die Unterlagen dann in der Hand hatte und etwas genauer studieren konnte, wurde ich hellhörig. Es waren sehr interessante Einzelheiten enthalten und auch der Name „van Greunen" wurde in den Dokumenten erwähnt. Zu diesem Zeitpunkt war ich schon gut über die Umstände des Kalahari-Abschusses von 1989 informiert, und somit war mir auch der Name „van Greunen" nicht fremd. Die Kopien beinhalteten auch ein zweiseitiges Dokument der Zentrale des südafrikanischen Militärgeheimdienstes in Pretoria, worin von bestätigten Treffen zwischen (Major) van Greunen und dem BND (BundesNachrichtenDienst) die Rede ist. Außerdem teilt man mit, dass van Greunen zu einem Sicherheitsrisiko geworden ist, so dass eine unmittelbare Suspendierung aus dem Geheimdienst angeraten werde.

Ich war den ganzen Abend nur noch dabei, mir die Informationen zu diesem UFO-Absturz genau durchzuschauen. Je länger ich las, umso mehr hatte ich den Eindruck, dass diese Informationen unbedingt überprüft werden sollten. Ich fragte Manfred, ob ich wohl auch Kopien von diesen Dokumenten haben könne, und wir vereinbarten, dass er mir die Dokumente zufaxen wird. Ich gab ihm meine Faxnummer, und ein paar Tage später hatte ich die Dokumente dann selbst vorliegen.

SECRET / GEHEIM

[redacted]

LIBERTY LIFE BUILDINGS
PRETORIA
0001

URGENT

TEL. 012 315 0870
FAX 012 47 4849

To: GEN. VERBEECK
SAMI / SANI / PTA / 0001

01 February 1996

RE : MAJOR J[redacted]VAN GREUNEN / DE CADENET
F.N. 81089122 BG INTEL.

Dear Sir

We have received a communication today from Col. KOK / Military Attaché / Diplomatic Cor at the S.A Embassy in Bonn / Germany . regarding a distress call from our foreign agent Major [redacted]Van Greunen / De Cadenet.

We have been advised that on several occasions a confirmed meeting took place between Major J[redacted]Van Greunen / De Cadenet and the German National Intelligence / B.N.D. The subject matter discussed at these meetings are at this time still speculative and pends further investigation.

In our view Major J[redacted]Van Greunen / De Cadenet has been very reckless (on purpose or other reasons) and has now become a security risk to our service.

We advise that Major J[redacted]Van Greunen / De Cadenet be suspended from the intelligence service for an indefinite period with IMMEDIATE EFFECT, pending information obtained from her on her return to South Africa on 08 February 96

We await your comments and approval on this subject a.s.a.p

Sincerely [redacted]

Brig. J. Potgieter

SECRET / GEHEIM

Dokument des südafrikanischen Militärgeheimdienstes bezüglich der Kontakte van Greunens zum deutschen BND.
(Quelle: Archiv Oliver Gerschitz)

Operation „ROLD TSR“

Bei den Dokumenten handelt es sich um große Teile von zwei Akten zur selben Geheimoperation. Die erste Akte hat 20 Seiten, die zweite Akte hat einen Umfang von 22 Seiten. Bis auf die Unterschrift von Abe Lochwela vom Verteidigungsministerium von Lesotho waren alle Unterschriften in den Kopien geschwärzt. Laut den Dokumenten stürzte offensichtlich ein nichtirdisches Raumschiff am 15. September 1995 im Bergland des Staates Lesotho ab. An Bord waren fremde Wesen gefunden worden. In dem doch sehr umfangreichen Dokument, welches als TOP SECRET / ULTRA SECRET eingestuft wurde, geht es um die Meldung des Fundes durch das Verteidigungsministerium von Lesotho, der anschließenden geheimen Bergung des Flugobjekts und der weiteren geheimdienstlichen Maßnahmen.

Doch wo liegt nun dieses Lesotho, und warum alarmierten die dortigen Behörden das Militär der Republik Südafrika? Lesotho ist ein hoch gelegenes Königreich, das vollständig von südafrikanischem Territorium umschlossen ist, und hat in etwa die

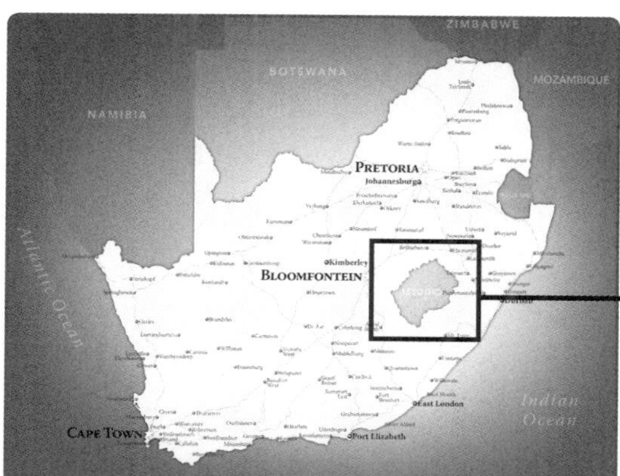

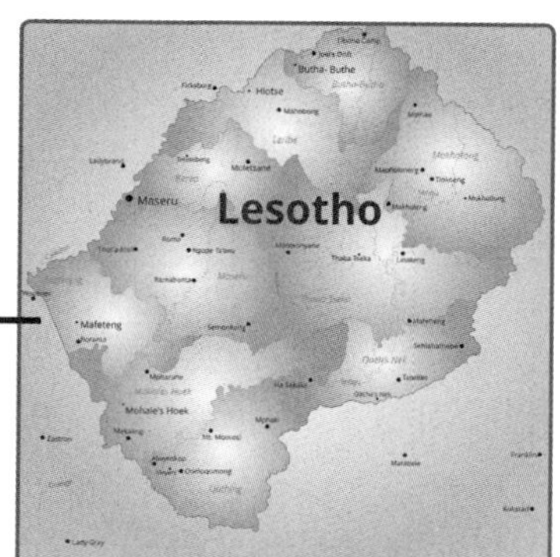

Das Königreich Lesotho befindet sich wie eine „Insel“ innerhalb der Republik Südafrika.

Lesotho ist in etwa so groß wie Belgien.

Größe Belgiens. Lesotho gehörte nie zu dem weitaus reicheren Land Südafrika. Da Lesotho eine ehemalige britische Kronkolonie ist, fühlt man sich bis heute Großbritannien mehr zugetan als Südafrika. Da man bezüglich des abgestürzten Flugobjekts davon ausging, dass es sich um eine Art Geheimentwicklung der Südafrikaner handelte, kontaktierte die zuständige Stelle das südafrikanische Militär (siehe Fax von Abe Lochwela in der Akte).

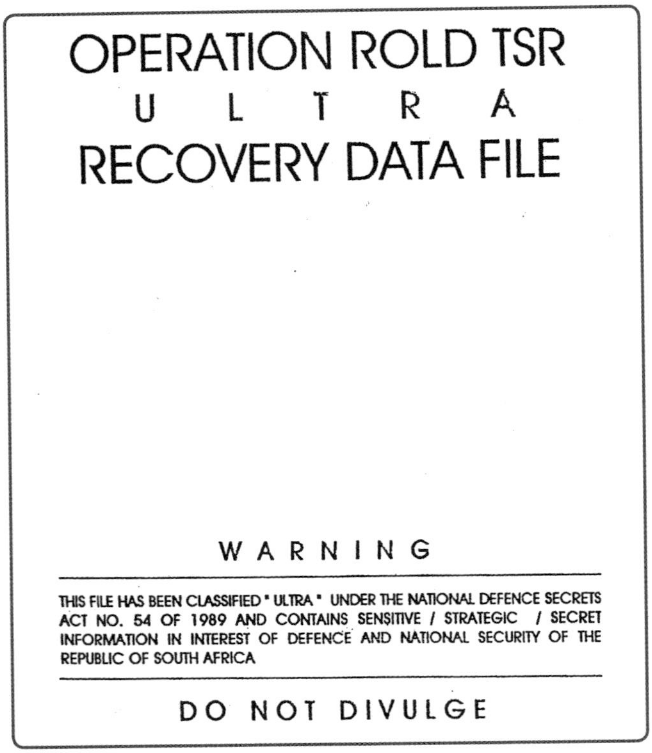

OPERATION ROLD TSR

U L T R A

RECOVERY DATA FILE

W A R N I N G

THIS FILE HAS BEEN CLASSIFIED " ULTRA " UNDER THE NATIONAL DEFENCE SECRETS ACT NO. 54 OF 1989 AND CONTAINS SENSITIVE / STRATEGIC / SECRET INFORMATION IN INTEREST OF DEFENCE AND NATIONAL SECURITY OF THE REPUBLIC OF SOUTH AFRICA

DO NOT DIVULGE

Das Deckblatt zur Akte „ROLD TSR". (Quelle: Archiv Oliver Gerschitz)

Wie in den Geheim-Dokumenten nachzulesen ist, erhielt die gesamte Bergungsoperation den Codenamen „ROLD TSR". Dieser Codename steht für die Abkürzung von „**R**ecovery **o**f **L**esotho **D**isk – **T**op **S**ecret **R**ecovery". Dies bedeutet so viel wie „Bergungsaktion der Lesotho-Scheibe – Streng geheime Bergung". Und hier nun der Inhalt der ersten Dokumente…

Übersetzung der Lesotho-Dokumente:

Secret / Geheim
Vorrangiger interner Bericht
Fallgeschichte

Am 15. September 95 um 22:20 Uhr Ortszeit informierte ein schwarzer Farmer, Mr. Peter Lachasa, Sgt. Thobo von der Polizeistation in Leribe, dass er ein sehr merkwürdig aussehendes Fluggerät auf seiner Farm 12 Kilometer westlich des Madibamatso-Flusses in Lesotho gefunden habe.

Laut Mr. Lachasa vernahm er um 21:15 Uhr Ortszeit in der Nähe seiner Farm ein seltsames Geräusch am Himmel, welches seine Herde erschreckte.
Ungefähr 2 Minuten später wurde eine dumpfe Explosion gehört. Der Betroffene ging dann aus seinem Haus hinaus um nachzusehen, was geschehen war.

Freunde von Mr. Lachasa, die ebenfalls innerhalb der Grenzen seines Farmlandes leben, informierten ihn, dass sie ein helles Licht am Himmel beobachtet hätten, das langsam zum Boden hinabsank, wobei es auf die Lesotho-Foothills zugeflogen sei. Den Zeugen zu folge explodierte das Objekt beim Aufschlag auf den Boden, wobei es eine Reihe blendender Blitze ausstieß.

Der Anrufer, der von nun an als der Hauptzeuge bezeichnet werden soll, begleitete seine Freunde dann zum Ort des Absturzes.

Wie die Hauptzeugen aussagten, ging von dem Flugobjekt ein elektrischer Summton aus, danach erlosch das Licht, von dem es umgeben war, und das Objekt nahm eine mattgraue Farbe an.

SECRET / GEHEIM

PRIORITY INTERNAL REPORT

CASE HISTORY

ON 15 SEPTEMBER 95 AT 22 H 20 LOCAL TIME , A BLACK FARMER MR. PETER LACHASA NOTIFIED SGT. THOBO OF THE LERIBE POLICE DEPARTMENT THAT HE FOUND A VERY STRANGE LOOKING CRAFT ON HIS FARM WHICH LAY 12 KM. WEST OF THE MADIBAMATSO RIVER IN LESOTHO.

ACCORDING TO MR LACHASA A T 21 H 15 LOCAL TIME HE HEARD A STRANGE SOUND IN THE SKY NEAR HIS FARM WHICH FRIGHTENED HIS CATTLE AND LIVESTOCK.

APPROXIMATELY 2 MINUTES LATER A DULL EXPLOSION WAS HEARD. THE COMPLAINANT THEN WENT OUTSIDE HIS HOUSE TO INVESTIGATE THE CAUSE.

FRIENDS OF MR. LACHASA WHO ALSO LIVE IN THE BOUNDARIES OF HIS FARM INFORMED HIM THAT THEY HAD BEEN WATCHING A BRIGHT LIGHT IN THE SKY THAT WAS SLOWLY DESCENDING TO THE GROUND, HEADING ON A COURSE TOWARDS THE LESOTHO FOOTHILLS. ACCORDING TO THE WITNESSES THE OBJECT EXPLODED ON IMPACT WITH THE GROUND, GIVING OFF A SERIES OF BLINDING FLASHES.

THE COMPLAINANT WHO FROM NOW ON WILL BE REFERRED TO AS THE PRIMARY WITNESS, THEN ACCOMPANIED HIS FRIENDS TO THE SITE WHERE THE OBJECT HAD IMPACTED.

ACCORDING TO THE PRIMARY WITNESSES AN ELECTRONIC HUMMING SOUND EMANATED FROM THE CRAFT AFTER WHICH THE LIGHT AROUND IT DIMINISHED AND THE OBJECT BECAME DULL GREY IN COLOUR. AN INTENSE HEAT FIELD SURROUNDED THE CRAFT WHICH MADE CLOSE UP INSPECTION BY THE PRIMARY WITNESS IMPOSSIBLE. DRY GRASS IN THE AREA WAS BEING SET ALIGHT BY THE INTENSE HEAT FIELD SURROUNDING THE CRAFT.

FEARING THAT THE CRAFT MIGHT HAVE INJURED OCCUPANTS THE PRIMARY WITNESS DECIDED TO INFORM THE LOCAL POLICE DEPARTMENT AT LERIBE OF THE INCIDENT.

POLICE REPORT

LERIBE POLICE DEPARTMENT
LESOTHO

SECRET / GEHEIM

PAGE 3 OF 20

Dokument zur Lesotho-Fallgeschichte.
(Quelle: Archiv Oliver Gerschitz)

Ein intensives Hitzefeld umgab das Flugobjekt, was eine genauere Untersuchung durch den Hauptzeugen unmöglich machte. Trockenes Gras in der Umgebung wurde von dem intensiven Hitzefeld, das sich um das Objekt ausbreitete, in Brand gesetzt.

In Sorge, das Objekt könnte verletzte Insassen haben, entschloss sich der Hauptzeuge, die örtliche Polizeistation in Leribe über den Zwischenfall zu informieren.

Polizeibericht
Leribe Polizeistation
Lesotho

Am 15. September 95 um 22:20 Uhr Ortszeit traf Mr. Peter Lachasa in der Polizeistation von Leribe ein und informierte Sgt. Thobo, der in dieser Nacht Dienst hatte, dass er ein seltsames Flugobjekt auf seiner Farm gefunden habe, welches von seinem Grund zu entfernen er die Polizei bat, da es sein Vieh erschrecken würde.

Der Hauptzeuge erklärte weiter, wie er und andere Zeugen auf seiner Farm das Objekt nahe den Foothills seiner Farm abstürzen sahen. Um 22:34 Uhr Ortszeit begleiteten Sgt. Thobo und Constable Nandi die Zeugen zur Absturzstelle, um den vorgetragenen Sachverhalt zu untersuchen. Bei ihrer Ankunft machten die Polizeioffiziere folgenden Eintrag ins Protokoll:

1. Ein großes rundes, scheibenförmiges Objekt lag innerhalb der Grenzen von Mr. Lachasas Farm.

2. Das Objekt war etwa 18 Meter lang und 3 Meter hoch.

SECRET / GEHEIM

PRIORITY INTERNAL REPORT

ON 15 SEPTEMBER 95 AT 22 H 20 LOCAL TIME MR. PETER LACHASA ARRIVED AT LERIBE POLICE DEPARTMENT AND INFORMED SGT THOBO WHO WAS DUTY OFFICER THAT NIGHT, THAT HE HAD FOUND A STRANGE AIRCRAFT ON HIS FARM WHICH HE REQUESTED THE POLICE TO REMOVE FROM HIS PROPERTY AS IT WAS FRIGHTENING HIS CATTLE.

THE PRIMARY WITNESS WENT ON TO EXPLAIN HOW HE AND OTHER WITNESSES ON HIS FARM SAW THE OBJECT CRASH NEAR FOOTHILLS ON HIS FARM.

AT 22 H 34 LOCAL TIME SGT. THOBO AND CONSTABLE NANDI ESCORTED THE WITNESSES TO THE SITE TO INVESTIGATE THE COMPLAINT. ON ARRIVAL THE POLICE OFFICERS MADE THE FOLLOWING ENTRY INTO THEIR INCIDENT REPORT.

1) A LARGE ROUND DISC SHAPED OBJECT LAY WITHIN THE BOUNDARIES OF MR. LACHASA' S FARM.

2) THE OBJECT MEASURED APPROX. 18 METERS IN LENGTH AND 3 METERS IN HEIGHT.

3) THE OBJECT WAS DULL GREY IN COLOUR

4) NO WINDOWS / PORTHOLES OR ANY FORM OF ENTRY / EXIT COULD BE SEEN ON THE CRAFT

5) THE CRAFT DID NOT APPEAR TO HAVE ANY EXTERNAL DAMAGE OR BREAKAGE EVEN THOUGH THE TERRAIN SURROUNDING THE GRAFT WAS SEVERELY DISTURBED

SGT. THOBO RADIOED HIS OBSERVATIONS TO LERIBE POLICE DEPARTMENT WHILST ON THE SITE AND WAS INSTRUCTED TO RETURN TO THE DEPARTMENT AND MAKE AN OFFICIAL REPORT

AT 00 H 15 LOCAL TIME, A LESOTHO GOVERNMENT OFFICIAL WAS CONTACTED AND A REPORT CONSISTING OF 2 PAGES WAS FAXED TO SOUTH AFRICAN MILITARY COMMAND 1/1 SAI INTELLIGENCE UNIT IN BLOEMFONTEIN ON AUTHORIZATION OF THE LESOTHO GOVERNMENT.

MILITARY REPORT

SECRET / GEHEIM

PAGE 4 OF 20

Polizeibericht zum Lesotho-Crash.
(Quelle: Archiv Oliver Gerschitz)

3. Das Objekt war von mattgrauer Farbe.

4. Keine Fenster oder Bullaugen oder irgendeine Art von Eingang/ Ausgang konnten an dem Flugobjekt gesehen werden.

5. Das Flugobjekt schien keinen äußeren Schaden oder Bruchstellen zu besitzen, obwohl das Gelände um das Objekt schwer in Mitleidenschaft gezogen war.

Während er sich an Ort und Stelle befand, funkte Sgt. Thobo seine Beobachtungen an die Leribe-Polizeistation und wurde angewiesen, zur Dienststelle zurückzukehren und einen offiziellen Bericht anzufertigen.

Um 00:15 Uhr Ortszeit wurde ein Regierungsvertreter Lesothos kontaktiert und ein aus zwei Seiten bestehender Bericht nach Autorisierung durch die Regierung von Lesotho an das südafrikanische Militärkommando/1SAI-Nachrichtendiensteinheit in Bloemfontein gefaxt.

Militärbericht
Militärkommando / 1 SAI. Nachrichtendiensteinheit
Bloemfontein

Die Nachrichtendiensteinheit vom 1 SAI. erhielt um 00:17 Uhr Ortszeit ein Fax des Verteidigungsministeriums von Lesotho in Maseru, betreffend eines Absturzes eines angeblich unidentifizierten / unkonventionellen Flugobjektes / Flugzeuges, welches auf der Farm von Mr. Peter Lachasa, eines schwarzen Viehzüchters, einschlug, der zwölf Kilometer westlich des Madibamatso-Flusses in der Nähe von Leribe lebt.

SECRET / GEHEIM

PRIORITY INTERNAL REPORT

MILITARY COMMAND / 1 SAI. INTELLIGENCE UNIT
BLOEMFONTEIN

THE INTELLIGENCE UNIT AT 1 SAI. RECEIVED A FAX FROM THE LESOTHO MINISTRY OF DEFENCE IN MASERU AT 00 H 17 LOCAL TIME REGARDING A CRASH OF AN ALLEGED UNIDENTIFIED/ UNCONVENTIONAL FLYING OBJECT / AIRCRAFT THAT IMPACTED ON THE FARM OF MR. PETER LACHASA, A BLACK CATTLE AND LIVESTOCK FARMER WHO IS LOCATED 12 KM. WEST OF THE MADIBAMATSO RIVER NEAR LERIBE.

DUE TO THE NATURE OF THE INCIDENT IT WAS DECIDED TO REQUEST INFORMATION AND POSSIBLE CONFIRMATION FROM MILITARY AIR TRAFFIC CONTROL IN BLOEMFONTEIN ON ANY MILITARY/ CIVILIAN AIRCRAFT IN THE SECTOR AT THE TIME OF THE INCIDENT. IT WAS NOTED THAT THERE WERE NO AIRCRAFT IN THE AREA OTHER THAN A ROUTINE AIR FORCE PUMA HELICOPTER WHICH PATROLLED SOUTH AFRICAN / LESOTHO BORDER APPROX.30 MINUTES BEFORE THE ALLEGED INCIDENT TOOK PLACE.

COMMANDER GEORGE HUMAN FROM THE AIRBORNE DIVISION AT 1 SAI. / 1 PARA BATTALION INSTRUCTED AN AERIAL ASSESSMENT OF THE AREA IN QUESTION.

TWO ALOUETTE RESCUE HELICOPTERS WERE SENT TO THE AREA. AT 01 H 17 LOCAL TIME RESCUE TEAM LEADER CAPTAIN MANIE LOUW REPORTED THAT HE WAS AT THE DESIGNATED AREA AND THAT A FIERCE VELD FIRE HAD ENGULFED THE AREA. HE WENT ON TO REPORT HIS OBSERVATIONS OF THE AREA WHICH ARE AS FOLLOWS:

1) AN AREA OF APPROX. 400 SQUARE METERS ENGULFED IN FIRE.

2) A DISC SHAPED METALLIC LOOKING OBJECT OF APPROX. 20 METERS IN LENGTH THAT SEEMED TO BE IN TACT.

3) THE TERRAIN AROUND THE OBJECT WAS TORN UP AND SEVERELY DISTURBED BY THE IMPACT.

4) DUE TO THE FACT THAT IT WAS NIGHT AND SMOKE FROM THE FIRE OBSCURED VISION, CLEAR OBSERVATIONS COULD NOT BE MADE AT THE TIME.

CAPTAIN MANIE LOUW WAS INSTRUCTED TO PATROL / SECURE THE AREA UNTIL FURTHER INSTRUCTIONS WERE GIVEN.

SECRET / GEHEIM

PAGE 5 OF 20

Seite 1 des Militärberichts zum Lesotho-Absturz.
(Quelle: Archiv Oliver Gerschitz)

Aufgrund der Natur des Zwischenfalles traf man die Entscheidung, Informationen und eine mögliche Bestätigung von der militärischen Flugverkehrskontrolle in Bloemfontein bezüglich jeglicher Militär-/Zivilflugzeuge im betreffenden Sektor zur Zeit des Zwischenfalles zu erbitten. Es wurde festgestellt, dass sich in dem Gebiet keine Flugzeuge befanden, außer einem routinemäßig eingesetzten Air Force Puma-Helikopter, der etwa 30 Minuten vor dem angeblichen Zwischenfall entlang der Grenze Südafrika / Lesotho patrouillierte.

Commander George Human von der Luftlande-Division am 1 SAI. / 1 Para-Bataillon (Fallschirmspringer-Bataillon) *ordnete eine Luftaufklärung der fraglichen Region an.*

Zwei Alouette-Bergungshubschrauber wurden in das Gebiet entsandt. Um 01:17 Uhr Ortszeit berichtete der Chef des Bergungsteams, Captain Manie Louw, dass er am Zielort eingetroffen ist und ein kräftiges Buschfeuer das Gebiet umschlossen hätte. Er meldete folgende weitere Beobachtungen, die er dort gemacht hatte:

1. Ein Gebiet von ungefähr 400 qm war von Feuer umschlossen.

2. Ein scheibenförmiges, metallisch aussehendes Objekt von ungefähr 20 Metern Länge, welches intakt zu sein schien.

3. Das Gelände um das Objekt herum war aufgewühlt und durch den Aufschlag stark in Mitleidenschaft gezogen.

4. In Folge der Tatsache, dass es Nacht war und Rauch vom Feuer die Sicht behinderte, konnten zu jenem Zeitpunkt keine klaren Beobachtungen gemacht werden.

Captain Manie Louw wurde instruiert, das Gebiet zu patrouillieren / zu sichern bis weitere Anweisungen gegeben werden.

Für mehr als einen der Offiziere der Nachrichtendiensteinheit 1SAI besaß dieser Zwischenfall die gleichen Merkmale wie ein ähnliches Ereignis, dass in der Kalahari-Wüste / Botswana im Mai 1989 stattgefunden hatte, weshalb man sich entschied die gleichen Schritte wie damals zu unternehmen.

Der Militärgeheimdienst in Pretoria wurde informiert und instruierte darauf die 1SAI Nachrichtendiensteinheit, ein steriles Gebiet von 150 Meter um das Flugobjekt aufrecht zu erhalten, wonach sie die vollständige Kontrolle über die Situation übernehmen würden.

Das 3. Bataillon der 1SAI-Nachrichtendiensteinheit wurde in das Gebiet geflogen, um das Objekt zu bewachen / zu sichern bis die Bergungsdivision für Fremdtechnologie der Valhalla-Luftwaffenbasis am Schauplatz eintraf.

Um 03:47 Uhr Ortszeit wurden das Gebiet und das Objekt gesichert und die Operation „ROLD TSR“ wurde wirksam.

Aufgrund der Tatsache, dass es eine Operation des Militärgeheimdienstes war, die mit einer unidentifizierten Fremdtechnologie zu tun hatte, wurden alle Mitglieder des 3. Bataillons mit der Befehlsgewalt ausgestattet, jegliche Eindringlinge zu verhaften / zu eliminieren, die in das abgesicherte Gelände vorstoßen würden.

Das Gelände blieb abgeriegelt, bis die Bergungseinheit für Fremdtechnologie um 05:55 Uhr Ortszeit eintraf.

SECRET / GEHEIM

PRIORITY INTERNAL REPORT

TO MORE THAN ONE OF THE OFFICERS AT 1 SAI INTELLIGENCE UNIT, THIS INCIDENT HAD THE SAME MARKINGS OF A SIMILAR EVENT WHICH TOOK PLACE IN THE KALAHARI DESERT / BOTSWANA IN MAY 1989 AND DECIDED ON THE SAME COURSE OF ACTION AS WAS DONE THEN.

MILITARY INTELLIGENCE IN PRETORIA WAS INFORMED AND INSTRUCTED 1 SAI INTEL. TO MAINTAIN A STERILE AREA OF 150 METERS AROUND THE CRAFT, AFTER WHICH THEY WILL TAKE COMPLETE CONTROL OVER THE SITUATION.

3 BATTALION FROM 1 SAI INTELLIGENCE UNIT WAS FLOWN TO THE AREA TO GUARD / SECURE THE OBJECT UNTIL THE FOREIGN TECHNOLOGY RECOVERY DIVISION FROM VALHALLA AIR FORCE BASE ARRIVED AT THE SITE.

AT 03 H 47 LOCAL TIME THE AREA AND OBJECT WAS SECURED AND OPERATION ROLD TSR CAME INTO EFFECT.

DUE TO THE FACT THAT THIS WAS A MILITARY INTELLIGENCE OPERATION DEALING WITH AN UNIDENTIFIABLE FOREIGN TECHNOLOGY, ALL MEMBERS OF 3 BATTALION WERE ISSUED WITH ORDERS TO ARREST / ELIMINATE ANY INTRUDERS WHO STRAYED INTO THE SECURED AREA.

THE AREA REMAINED STERILE UNTIL FOREIGN TECHNOLOGY RECOVERY UNIT ARRIVED AT 05 H 55 LOCAL TIME.

WE AT 1 SAI. INTEL UNIT / BLOEMFONTEIN HOPE THAT THIS REPORT YOU REQUESTED WILL SUFFICE.

PLEASE INFORM US IF YOU REQUIRE ANY FURTHER ASSISTANCE.

[redacted]

GENERAL PATRIC DWIGHT
1 SAI. INTEL

SECRET / GEHEIM

PAGE 6 OF 20

Seite 2 des Militärberichts zum Lesotho-Absturz.
(Quelle: Archiv Oliver Gerschitz)

Wir in der 1SAI-Nachrichtendiensteinheit/Bloemfontein hoffen, dass dieser von Ihnen erbetene Bericht ausreichend ist.

Bitte informieren Sie uns, wenn Sie weitere Unterstützung benötigen.

(Gezeichnet) General Patric Dwight, 1 SAI. Intel

Das Fax des Beamten Abe Lochwela vom Verteidigungsministerium von Lesotho in der Hauptstadt Maseru war ebenfalls Teil dieser Akte. Auf dem Fax findet man auch die damalige Staatsflagge von Lesotho, welche seitdem durch eine neue Flagge ersetzt wurde. Hier der Inhalt der Faxmeldung:

Fax des Royal Government of Lesotho

Nachricht:

Sehr geehrter Herr,

das Polizeidepartment von Lesotho in Leribe hat mir Bericht erstattet, man habe bestätigte Informationen, dass ein unidentifizierbares Flugobjekt innerhalb der Grenzen von Lesotho abgestürzt sei. Zu diesem Zeitpunkt kennen wir die Herkunft des Flugzeuges nicht und vermuten, dass es ein experimentales Flugzeug der südafrikanischen Luftwaffe sein könnte.

Wären Sie bitte so freundlich, dieser Angelegenheit Ihre vollste Aufmerksamkeit zu schenken und dieses Flugzeug zu untersuchen

Royal Government of Lesotho.

FAX

To : South African National Defence Force
Military Intelligence

Attention : The Commander in Chief Fax : 051 402 9111
1 SAI Intel/Tempe

From : Mr. Abe Lochwela Fax : 09266 310518
Lesotho Department of Defence
Maseru Lesotho

Message :

Dear Sir,

The Lesotho Police Department in Leribe reported to me that they have confirmed information that a unidentifiable aircraft has crashed within the borders of Lesotho. At this time we do not know the origin of the aircraft and suspect that it might be an experimental aircraft from the South African Air Force.

Would you please be so kind to give this matter your fullest attention and to investigate and retrieve this aircraft from our country. You can obtain the necessary information from Sgt. Thobo at the Leribe Police Department. I have instructed Sgt. Thobo to give you his co-operation in this regard.

Please inform us on any developments and assistance you may require

In good faith
Mr. Abe Lochwela
Royal Government of Lesotho

Acknowledge ☒ Reply ☐ Respond ☒
Advise ☐ Other ☐

Das Fax des Verteidigungsministeriums von Lesotho an das südafrikanische Militär in Tempe. Das Fax trägt die Unterschrift des Mitarbeiters Abe Lochwela.
(Quelle: Archiv Oliver Gerschitz)

und von unserem Land zu bergen. Sie können die nötigen Informationen von Sgt. Thobo bei der Polizei in Leribe erhalten. Ich habe Sgt. Thobo beauftragt mit Ihnen in dieser Hinsicht zu kooperieren.

Bitte informieren sie uns über alle Entwicklungen und möglicher erforderlicher Unterstützung.

In bester Absicht
Mr. Abe Lochwela
Königliche Regierung von Lesotho

Ganz offensichtlich hat man dann die Klassifizierung des ganzen Vorgangs erhöht, nachdem klar wurde, mit was man es hier zu tun hatte. Der Geheimhaltungsgrad der Operation wurde dann sofort von „SECRET/GEHEIM" zu „ULTRA SECRET" erhöht. Natürlich fragt man sich nun, was das deutsche Wort „Geheim" in südafrikanischen Geheimdienstpapieren zu suchen hat. Die Antwort hierfür war schnell gefunden. Die meisten weißen Südafrikaner sprechen das sogenannte „Afrikaans". Dabei handelt es sich um Alt-Holländisch, welches die Buren bei der Besiedelung Südafrikas mitbrachten. Die Schreibweise für Geheim ist in Holland dieselbe wie in Deutschland: Geheim. Allerdings wird es etwas anders ausgesprochen. Was weiter geschah, als man sich der Umstände vor Ort bewusst war, zeigt folgendes Dokument der Akte. Darin geht es um die weiteren Anweisungen für die Absicherung und Bergung des Objekts. Dort heißt es unter anderem:

Wir bestätigen hiermit, heute Morgen Ihre Mitteilung an unsere Abteilung erhalten zu haben und dass unsere Bergungseinheit aktiviert und zum Gelände entsandt worden ist.

ULTRA SECRET

South African National Defence Force
INTERNAL MOVEMENT / RETRIEVAL ORDER

TO	FOREIGN TEC. DEPT./ VAL. SWAKP AFB.	FROM	1SAI : MI TEMPE : BLMFN
CASE IDENTIFICATION NO.	TEMPO X OBJECT / 02 051		
NATURE OF ORDER	INTERNAL MOVEMENT	INTERNAL RETRIEVAL	
DATE 16 / 09 / 95	PARA NZ AP		
ORDER TYPE AND NUMBER	.. INF. MI. 01 HUS RET 01		
RELATING TO	GENERAL ACTIVITY	INCIDENT	ACCIDENT
IN GEOGRAPHICAL AREA OF:	MALUTI MNTS. / MADIBAMATSU RVR / LEJONE LESOTHO ****		
MOVEMENT / RETRIEVAL			
FROM	LEJONE / LESOTHO	TO	PRETORIA / RSA. VAL / SWTKP AFB. 012
BASIC INSTRUCTIONS REMOVE X OBJECT / A.C. FROM LESOTHO TERRITORY. MOVE TO SECURE BASE WITH FAC. POS. E.T. ORIGIN OP TO CONDUCT SECRET. ESCORT/ LH PASSAGE PROVIDED. ONE WAY PASSAGE REQUESTED. NO LAND COMMUNICATION ADVISED. ULF SAT/MICRO DOT CONF.			
CLASSIFICATION EXISTS ON OPERATION	YES	NO	
CLASSIFICATION	CONFEDENTIAL SECRET	TOP SECRET ULTRA SECRET	OTHER
FOR SECURITY PURPOSES PLEASE WRITE LEVEL OF CLASSIFICATION	ULTRA		
ISSUING OFFICERS OEC CODE	237 4 4 *INT	NDR. NUMBER	5127
RANK	GENERAL	DEPARTMENT	1SAI. INT. MI
STATIONED AT	TEMPE / BLOEMFONTEIN		
SIGNED	[redacted]	DEPT / DATE STAMP	

ULTRA SECRET

PAGE 7 OF 20

Seite 7 von 20 der Lesotho-Akte.
(Quelle: Archiv Oliver Gerschitz)

ULTRA SECRET

FOREIGN TECHNOLOGY RESEARCH DIVISION
AVIATION AND SPACE TECH. DEPT.
VALHALLA / SWARTKOP AIR FORCE BASE
PRETORIA
0001

TEL. 012 351 2111
FAX. 012 351 2230

TO THE ATTENTION OF:

GENERAL PATRIC DWIGHT
1 SAI / INTELLIGENCE / COUNTER INTELLIGENCE UNIT
TEMPE
BLOEMFONTEIN

PRIORITY

OEC. 547 22 * 7

16 SEPTEMBER 95

GENERAL DWIGHT,

WE HEREWITH CONFIRM RECEIVING YOUR COMMUNICATION TO OUR DEPT THIS MORNING AND HEREBY CONFIRM THAT OUR RECOVERY UNIT HAS BEEN ACTIVATED AND DISPATCHED TO THE AREA.

SET REGULATIONS / PROCEDURES REGARDING THIS PARTICULAR AVIATION INCIDENT.

DUE TO THE FACT THAT WE ARE DEALING WITH A POSSIBLE ALIEN / EXTRA TERRESTRIAL TECHNOLOGY WE WISH TO ISSUE THE FOLLOWING INSTRUCTIONS:

A) REMOVE / ARREST ALL NON-MILITARY INDIVIDUALS IN ONE KILOMETRE RADIUS AROUND THE AREA OF IMPACT.

B) CREATE AND MAINTAIN AN ABSOLUTE STERILE AREA OF 150 METERS AROUND THE CRAFT AND AREA OF IMPACT.

C) ARREST / ELIMINATE INTRUDERS STRAYING INTO SECURED / STERILE AREA.

D) USE ALL COUNTER INTELLIGENCE MEASURES TO DEBUNK FACTS AND / OR EYE WITNESS ACCOUNTS REGARDING THIS INCIDENT.

E) AWAIT FURTHER INSTRUCTIONS.

PLEASE NOTE THAT THIS OPERATION HAS BEEN CODENAMED ROLD TSR. AND COMES INTO EFFECT AS OF THIS MOMENT. WE ESTIMATE ARRIVAL OF RECOVERY UNIT AT 05 H 35 LOCAL TIME.

SINCERELY

[redacted]
COLONEL W. HOLT
MIFTR

ULTRA SECRET

PAGE 11 OF 22

Weitere militärische Anweisungen zur Bergung des Lesotho-Objekts.
(Quelle: Archiv Oliver Gerschitz)

Festgelegte Vorschriften / Vorgehensweisen bezüglich dieses besonderen Luftfahrt-Zwischenfalls:

Aufgrund der Tatsache, dass wir mit einer möglichen fremden / außerirdischen Technologie zu tun haben, haben wir folgende Instruktionen zu erteilen:

A) Entfernen Sie / nehmen Sie in Haft - alle nicht militärischen Individuen im Radius von 1 Kilometer um das Absturzgebiet.

B) Schaffen und erhalten Sie ein absolut steriles Gelände um das Flugobjekt und das Einschlaggebiet.

C) Verhaften Sie / Eliminieren Sie Eindringlinge in das gesicherte / sterile Gebiet.

D) Wenden Sie alle Maßnahmen der Gegenspionage an, um Fakten in Misskredit zu bringen und / oder Augenzeugen-Beschreibungen betreffend diesem Zwischenfall zu widerlegen.

E) Erwarten Sie weitere Instruktionen. Bitte beachten Sie, dass diese Operation mit dem Code-Namen ROLD TSR. bezeichnet wird und unmittelbar in diesem Moment wirksam ist. Wir schätzen die Ankunftszeit der Bergungseinheit auf 05:35 Uhr Ortszeit.

Ganz offensichtlich wurden auch im Falle des Lesotho-Crashs wieder fremde Wesen geborgen. Aus anderen Teilen der Akte geht hervor, dass die Wesen am nächsten Tag, dem 16. September 1995 zur Valhalla/Swartkop-Luftwaffenbasis nach Pretoria gebracht wurden, um dort in einer Forschungseinrichtung genauer untersucht zu werden. Die fremden Besucher wurden

SASS

SOUTH AFRICAN SECRET SERVICE

DEPARTMENT OF AIR FORCE INTELLIGENCE

SWARTKOP AIR FORCE BASE / PTA 012

DATE	19 . 09 . 95
ORIGEN	SWTKP AFB SPIC/ MI / PTA
DESTINATION	MI HQ / LLB / VSTR / PTA
	AF, 10- McEHLEY, S / P KEYES AF / S
SUBJECT	**ROLD / TSR / BOSS**

SIR,

We wish to announce that the object has been secured (**Delta hanger 2A North**)

All perimeters are under guard with additional surveilance.

Awaiting further orders.

Cpy / komops HQ . sami -x crypto ts
brig. PotG / Ops / Rold TSR - ci / rep
TX - PTA / sass sec Advisory
/Source SS 5009 / gh / Nav Saf Inf / Bfn.

TOP SECRET

Dieses Dokument gibt Aufschluss über den Aufbewahrungsort des Lesotho-Objekts auf der Valhalla/Swartkop Luftwaffenbasis.

(Quelle: Archiv Oliver Gerschitz)

ganz offensichtlich stark betäubt und dann auf eine unterirdische Ebene der Luftwaffenbasis gebracht. Dort soll dann ein besonderes Team von Ärzten Untersuchungen durchgeführt haben. Laut den Dokumenten war die leitende Ärztin des medizinischen Teams eine Frau Prof. Dr. B.-A. Theron. Hierzu gibt es ein von Prof. Theron unterzeichnetes Dokument, ein Antwortschreiben, welches an die Valhalla/Swartkop-Luftwaffenbasis gerichtet ist. Dieses Schreiben wurde am 18. September 1995 verfasst, also nur drei Tage nach dem Absturz. In diesem Schreiben heißt es unter anderem:

Ihrer dringenden Anfrage an unsere Abteilung wurde bevorzugte Aufmerksamkeit gegeben und wir bestätigen, dass wir in der Lage sind, an Ihrem Projekt teilzunehmen.

Es ist nicht klar, ob die drei fremden Besucher noch am Leben sind. Es wäre uns eine Hilfe, wenn Sie Ihre genauen Anforderungen spezifizieren könnten, was medizinische und psychologische Studien betrifft und/oder, ob wir irgendwelche Autopsien durchzuführen haben. Eine darauf spezialisierte Einheit müsste für diesen Zweck aktiviert werden.

Ich bedanke mich für Ihre Einladung zur Teilnahme.

Laut den weiteren Unterlagen ergaben die Untersuchungen dann, dass es sich bei den fremden Besuchern um reptilienartige Humanoide handelte, die eine auffällig unterentwickelte Skelettstruktur aufwiesen.

ULTRA SECRET

SOUTH AFRICAN MEDICAL RESEARCH INSTITUTE
DEPT. OF EXPERIMENTAL BIOLOGY AND EMBRIONICS

98 Struben Street • Pretoria • 0001
Republic of South Africa
Tel. (012) 348 5010
Fax. (012) 47 7716

VALHALLA / SWARTKOP AFB.
PRETORIA
0001

18 SEPTEMBER 95

GENERAL PATRIC DWIGHT,

PROJECT ROLD TSR.

Yours urgent communication to our department has bee given priority attention and we confirm that we are able to participate in your project.

It is not clear if the three alien visitors are still alive. It would be of assistance if you could specify what youre exact requirements are in respect of medical or psyhological invetigative study and / or, if we have to perform any autopsies. A specialised unit would have to be activated for this purpose.

I thank you for inviting our participation.

Yours Sincerely

[redacted]

Prof. Beverly-Ann Theron
CH.B. FS. M.H. Ph.D

ULTRA SECRET

PAGE 14 OF 20

Dokument des „South African Medical Institute" bezüglich des Zustands der drei fremden Besucher aus dem Lesotho-Objekt.
(Quelle: Archiv Oliver Gerschitz)

Und wieder „Illuminated Nine“

In einem Schreiben eines Generals A. Viljoen von der „Foreign Technology Research Division“ auf der Valhalla/Swartkop Air Force Base an zwei hochrangige Militärs auf der Waterkloof Air Force Base (ebenfalls in Pretoria) heißt es:

BETRIFFT: OPERATION ROLD TSR.

SEHR GEEHRTE HERREN,

ICH MÖCHTE SIE DARÜBER INFORMIEREN, DASS WIR EIN KLASSIFIZIERTES X-FLUGZEUG IN UNSEREM BESITZ HABEN.

DIE BERGUNG DES FLUGZEUGS AUS LESOTHO WURDE EINGELEITET.

SICHERER EINLAGERUNGSORT ANGEFORDERT. ES WIRD DEN SELBEN ANORDNUNGEN GEFOLGT, WIE ES BEIM KALAHARI-OBJEKT DURCHGEFÜHRT WURDE.

MASSNAHMENSPEKTRUM AUF ROT GESETZT. BITTE BEACHTEN SIE, DASS DIE SICHERHEITS-REGULARIEN AX 2738 ANGEWENDET WERDEN MÜSSEN.

ETA. 08:55 UHR ORTSZEIT.

MIT FREUNDLICHEN GRÜSSEN
GENERAL A. VILJOEN

Interessanterweise scheinen die beiden Adressaten Mitglieder bei „Illuminated Nine“ zu sein, die Geheimgruppe bzw. Geheimregierung in Südafrika, die wir schon aus dem Kalahari-

ULTRA SECRET

FOREIGN TECHNOLOGY RESEARCH DIVISION
AVIATION AND SPACE TECH. DEPT.
VALHALLA / SWARTKOP AIR FORCE BASE
PRETORIA
0001

TEL. 012 351 2111
FAX 012 351 2230

OEC 893 15 * 1 AA1 / ILLUMINATED NINE — 16 SEPTEMBER 95

TO THE ATTENTION OF;

GENERAL RICHARD HAWKENS
COMMANDER WILLIAM NOCHT

WATERKLOOF AIR FORCE BASE
WATERKLOOF
PRETORIA
0001

RE. OPERATION ROLD TSR.

DEAR SIRS,

I WISH TO INFORM YOU THAT WE HAVE A CLASSIFIED X AIRCRAFT IN OUR POSSESSION.

RETRIEVAL OF AIRCRAFT FROM LESOTHO HAS BEEN ACTIVATED..

REQUEST SECURE STORAGE FACILITIES. FOLLOW SAME ARRANGEMENTS AS WAS DONE WITH KALAHARI OBJECT.
SPECTRUM LOT DESIGNATED RED. PLEASE NOTE THAT SECURITY REGULATIONS AX 2738 MUST BE APPLIED.

ETA. 08 H 55 LOCAL TIME.

SINCERELY

[redacted]

GENERAL A. VILJOEN
MIFTRU.

ULTRA SECRET

PAGE 10 OF 20

Informationspapier bezüglich der Bergung des Objekts in Lesotho an die übergeordnete militärische Leitstelle auf der Waterkloof Luftwaffenbasis in Pretoria.
(Quelle: Archiv Oliver Gerschitz)

Fall von 1989 kennen. Man findet nämlich im Adressfeld oberhalb der Namen der beiden Militärs den Code der Sicherheitsstufe (OEC 893 15 * 1 AA1) und ganz klar den Namen ILLUMINATED NINE. Laut den Aussagen van Greunens hat „Illuminated Nine“ den Regimewechsel hin zum Staatspräsidenten Nelson Mandela unerkannt überlebt. Das heißt, weder Nelson Mandela selbst, noch seine Regierung wussten, dass eine Geheimregierung mit dem Namen „Illuminated Nine“ existierte. Zu der Liste des bei der Bergung eingesetzten Militärpersonals erklärte van Greunen in einem Brief an die Konkaktperson beim deutschen BND:

„Wir tun dies, weil die Regierung von Südafrika in zwei Häuser aufgeteilt ist, den ANC (Afrikanischer National-Kongress) und die Nationalpartei. Unser militärischer Nachrichtendienst untersteht der Nationalpartei bzw. unserem alten Regime und unser Feind ist die schwarze ANC-Regierung. Ich möchte Sie darauf aufmerksam machen, dass das Militär-Personal der ROLD TSR-Operation spezielle Kräfte unter Kontrolle von „Illuminated Nine“ sind, und überhaupt nicht in den MPD- oder NDR-Verzeichnissen aufgelistet werden. Wir nennen sie Geister-Personal.“

Im selben Schreiben an den BND erklärt van Greunen, dass alle hochgeheimen Dokumente mit sogenannten „HOT STOPS“ und „HOT BLOCKS“ ausgestattet werden. Ab der „Ultra“-Klassifikation werden stets derartige Mittel verwendet. „HOT STOPS“ und „HOT BLOCKS“ sind spezielle Charakteristiken (z.B. geänderte Wappen oder orthographische Fehler), die einem echten/authentischen Dokument hinzugefügt werden, damit dieses Dokument für eine fremde Macht oder einen Feind als unecht erscheint.

Einen solchen „HOT BLOCK“ findet man auch auf der Seite 11 von 20 rechts oben. Der dort eingesetzte Adler ist kein offiziell

ULTRA SECRET

CLASSIFIED PERSONNEL INFORMATION / DATA

THIS DOCUMENT IS ISSUED FOR SECURITY CLEARANCES PURPOSES ONLY AND IS SUBJECTED TO REGULATIONS UNDER THE NATIONAL SECRETS ACT NO. 74 / CLAUSE 11 OF 89 RELATIVE TO ACCESS OF INTELLIGENCE PERSONNEL DATA ON ACTIVE OPERATIONAL OFFICERS.. INFRINGEMENT OF THIS ACT / EG. DIVULGING INFORMATION CONTAINED IN THIS DOCUMENT IS PUNISHABLE WITH LIFE IMPRISONMENT.

ROLD TSR. PERSONNEL / DESIGNATED 16 SEPTEMBER 95

AIR FORCE PERSONNEL
VALHALLA / SWATKOP AFB. / PRETORIA

NAME	RANK	FORCE NUMBER	CLEARANCE
M.S. LOUW	CAPTAIN	734546 235 100 AF	03 INT.
P RADEMEIER	MAJOR	7767381 220 793 AF	03 INT.
A.F. MANJEFSKI	MAJOR	779245 640 992 AF	03 INT.
J. BLICHNAUT	CAPTAIN	794441 722 266 MI	05 INT.
A. NAUDE	COLONEL	808246 003 225NA	05 INT. SP.S
W. CONRADIE	S/SEARGENT	823451 660 887 MI	05 INT. MD.S
D. VAN HEERDEN	CAPTAIN	826682 003 911 MI	02 INT. TS A.

INFANTRY INTELLIGENCE PERSONNEL
3 INTELLIGENCE BATTALION / BLOEMFONTEIN

K PETZER	MAJOR	72001 291 230 BS	03 INT. BG.
A KNOETZE	LUITENANT	85689 109 208 BS	05 INT. SF.
S. KYMDELL	CAPTAIN	85030 479 030 MI	02 INT SC. M
G. PETERSON	COMMANDER	72924 928 109 MI	02 INT. INF.
L DONALLY	COMMANDER	71 555 031 993 MI	01 INT. SF.C.
W. O HARA	COMMANDER	70254 765 082 MI	01 INT. CI.
P. DWIGHT	GENERAL	67309 509 265 MI	01 INT. AO.
F. CUMBERLAND	GENERAL	66367 872 090 MI	01 INT. FG.
E. CARTWRIGHT	GENERAL	66097 003 035 MI	01 INT. AO.
J. HARMSE	COLONEL	775341 936 996 NA	04 INT. AG.
R. GROENEWALDT	CAPTAIN	834562 000 577 NO	03 INT. DLF.
T. ERICKSON	CAPTAIN	84222 309 020 MI	03 INT.
H. ELLIOTTE	LUITENANT	88356 099 462 SU	05 INT. A.

MILITARY INTELLIGENCE PERSONNEL
STRATEGIC STUDIES HQ. PRETORIA
ROLD COMMANDING OFFICERS IN CHARGE OF OPERATION AT SITE.

J. FOUCHE	GENERAL	667342 605 048 AE	01 INT. AA
D. HAMAN	GENERAL	615572 021 886 AF	01 INT. AA
C. DIDERICKS	GENERAL	608661 323 985 MI	01 INT. AA

ULTRA SECRET

PAGE 9 OF 20

Liste des bei der Bergung eingesetzten höherrangigen Militärpersonals.
(Quelle: Archiv Oliver Gerschitz)

benutztes Logo des militärischen Geheimdienstes. Allerdings hat es diese Seite zusammen mit der Seite 12 von 20 in sich! Es handelt sich dabei um einen Brief des Generals H. Liebenberg vom Hauptquartier des südafrikanischen Militärgeheimdienstes im „Liberty Life Building" in Pretoria. Dieses Gebäude ist eigentlich ein Versicherungsgebäude, es ist (oder war zumindest noch 1996) dort aber im 6. Stock die Zentrale des Militär-Geheimdienstes untergebracht. Der Brief vom 17. Oktober 1995 richtet sich direkt an den hohen Rat der „Illuminated Nine". Darin heißt es:

Durch Informationen, die wir von Geheimagenten in Großbritannien erhalten haben, wurden wir darüber informiert, dass der britische Botschaftsdienst in Lesotho die britische Regierung über diplomatische Kanäle gebeten hat, bei der Regierung von Südafrika Nachforschungen über das aus Lesotho geborgene Objekt anzustellen.

Obwohl Lesotho stärkere diplomatische Beziehungen zum Vereinigten Königreich als zu Südafrika hat, sind wir der Auffassung, dass dies ein südafrikanisches Problem ist, welches sich auf südafrikanischem Territorium ereignet hat und deswegen vom südafrikanischen Geheimdienst behandelt werden sollte. Das Vereinigte Königreich sollte zu allen Entwicklungen, diesen Zwischenfall betreffend, desinformiert werden. Unsere Abteilung sieht ferner eine amerikanische Anfrage voraus, die in ihrem Anfangsstadium terminiert werden muss.

Das fremde Objekt und sein Inhalt müssen um jeden Preis auf südafrikanischem Territorium verbleiben. Allein die unendliche wissenschaftliche Information, welche zum Fortschritt unserer Verteidigungstechnologie, der Avionik und Waffensysteme gewonnen werden kann, wird unsere Haltung rechtfertigen. Im Mai 1989 wurden wir gezwungen, uns den Wünschen der Regierung

ULTRA SECRET

DEPARTMENT OF MILITARY INTELLIGENCE
INTELLIGENCE HEADQUARTERS
LIBERTY LIFE BLDG.
SUNNYSIDE PARK
PRETORIA
0001

TEL. 012 315 0911

TO THE ATTENTION OF:

THE SUPREME COUNCIL
ILLUMINATED NINE

OEC. 619 00 9 MI. / ILN. 17 OCTOBER 95

RE: ROLD TSR.

HONORARY MEMBERS OF THE COUNCIL,

ACCORDING TO INFORMATION RECEIVED FROM INTELLIGENCE AGENTS IN THE UNITED KINGDOM, WE ARE ADVISED THAT THE BRITISH AMBASSADORIAL SERVICE TO LESOTHO HAS REQUESTED THE BRITISH GOVERNMENT BY MEANS OF DIPLOMATIC CHANNELS TO MAKE ENQUIRIES TO THE SOUTH AFRICAN GOVERNMENT REGARDING THE OBJECT RETRIEVED FROM LESOTHO.

ALTHOUGH LESOTHO HAS STRONGER DIPLOMATIC RELATIONS WITH THE UNITED KINGDOM THAN WITH SOUTH AFRICA, WE FEEL THAT THIS IS A SOUTH AFRICAN PROBLEM WHICH OCCURED ON SOUTH AFRICAN TERRIRORY AND SHOULD THEREFORE BE DEALT WITH ACCORDINGLY BY THE SOUTH AFRICAN INTELLIGENCE. THE UNITED KINGDOM SHOULD BE DISINFORMED ON ALL DEVELOPMENTS REGARDING THIS INCIDENT. OUR DEPARTMENT FURTHER FORESEE AN AMERICAN ENQUIRY WHICH MUST BE EXTINGUISHED AT ITS INFANCY STAGE.

THE ALIEN OBJECT AND ITS CONTENTS MUST REMAIN IN SOUTH AFRICAN TERRITORY AT ALL COSTS. THE ENDLESS SCIENTIFIC INFORMATION THAT IS TO BE GAINED FOR THE ADVANCEMENT OF OUR DEFENCE TECHNOLOGY IN THE AREA OF AVIONICS AND WEAPON SYSTEMS ALONE WILL JUSTIFY OUR STANCE. IN MAY 1989 WE WERE THREATENED TO SUBMIT TO THE WISHES OF THE UNITED STATES GOVERNMENT WHEN AN ALIEN / EXTRA TERRESTRIAL SPACE VEHICLE WAS BROUGHT DOWN BY THE SOUTH AFRICAN AIR FORCE. AS YOU ARE AWARE THAT EXERCISE WAS A COSTLY AND INTERNATIONALLY EMBARRASSING EVENT FROM WHICH WE HAVE LEARNT NOT TO BE SWAYED OR DISTRACTED FROM OUR INTERNAL PRIORITIES.

GENTLEMEN, I WOULD THEREFORE INSIST THAT THE COUNCIL OF THE ILLUMINATED NINE USE ALL MEANS NECESSARY TO CREATE A SECURE PLATFORM FROM WHICH WE CAN DO OUR RESEARCH WITHOUT HINDRANCE FROM ANY FOREIGN GOVERNMENT INTERVENTION

ULTRA SECRET

PAGE 11 OF 20

Seite 1 des Informationspapiers für „Illuminated Nine".
(Quelle: Archiv Oliver Gerschitz)

ULTRA SECRET

WE ADVISE THAT PRESIDENT MANDELA SHOULD NOT BE BRIEFED ON THE ROLD TSR. OPERATION FOR OBVIOUS REASONS. IF LOCAL GOVERNMENT STARTS ASKING QUESTIONS IT WILL BE OUR DUTY TO DENY THE EXISTENCE OF ANY ACTIVITY SURROUNDING THE ROLD TSR. OPERATION. DISINFORMATION OF THE HIGHEST ORDER IS ADVISED. INTERNATIONAL KNOWLEDGE OR INTEREST WHICH IS OF A DEFENCE OR POLITICAL NATURE ON THIS INCIDENT COULD IMPLICATE SOUTH AFRICA WITH A POSSIBLE WAR EMERGENCY AND WE HAVE SUBSEQUENTLY TAKEN THE INITIATIVE TO RAISE THE LEVEL OF WAR ALERT TO DEFCON 2.

ROLD TSR. WILL REMAIN CLASSIFIED ABOVE ULTRA SECRET FOR AN INDEFINITE PERIOD WITH ILLUMINATED NINE ACCESS ONLY.

WE AWAIT YOUR COMMENTS / APPROVAL ON ALL THE ISSUES RAISED IN THIS COMMUNICATION.

YOURS FAITHFULLY

[redacted]

GENERAL H LIEBENBERG
MIFTRU / MILN.

ULTRA SECRET

PAGE 12 OF 20

Seite 2 des Informationspapiers für „Illuminated Nine“.
(Quelle: Archiv Oliver Gerschitz)

der Vereinigten Staaten zu fügen, als ein fremdes, außerirdisches Raumfahrzeug von der südafrikanischen Luftwaffe zum Absturz gebracht worden war. Wie Sie wissen, war dieser Vorgang ein kostspieliges und international beschämendes Ereignis, aus dem wir gelernt haben, nicht beeinflusst oder von unseren internen Prioritäten abgelenkt zu werden.

Gentlemen, ich möchte deshalb darauf bestehen, dass der Rat der Illuminated Nine alle Mittel anwendet, welche nötig sind, eine sichere Plattform zu schaffen, von der aus wir unsere Forschungen ohne Behinderung von jeglichen fremden Regierungsinterventionen durchführen können.

Wir raten an, dass Präsident Mandela aus offensichtlichen Gründen nicht über die ROLD-TSR-Operation unterrichtet wird. Wenn die örtliche Regierung damit beginnt, Fragen zu stellen, wird es unsere Pflicht sein, die Existenz jeder Aktivität um die ROLD-TSR-Operation abzustreiten. Desinformation der höchsten Ordnung ist angeraten. Internationales Wissen oder Interesse betreffend diesen Zwischenfall, das von Verteidigungs- oder politischer Natur ist, könnte Südafrika mit einem möglichen Kriegsnotfall belasten, und wir haben infolgedessen die Initiative ergriffen, das Level der Kriegsalarmbereitschaft auf DEFCON 2 zu erhöhen.

ROLD TSR wird für eine unbestimmte Zeitspanne über ULTRA SECRET klassifiziert sein, wobei nur Illuminated Nine Zugang hat.

Wir erwarten Ihre Kommentare / Einverständnis zu all den Fragen, welche in dieser Kommunikation aufgeworfen wurden.

Ihr treuer
General H. Liebenberg

Aus diesem Brief kann man auch schließen, dass der Rat der „Illuminated Nine“ ganz offensichtlich einen Krieg oder vielleicht auch Bürgerkrieg befürchtete, sollten Informationen zur Lesotho-UFO-Bergung in die falschen Hände gelangen.

J. H. van Greunen

Ganz offensichtlich war es wieder van Greunen, der diese Informationen „nach draußen" brachte. Natürlich kann man sich nun fragen, ob diese Unterlagen echt sind. Da man aber bereits durch den Kalahari-Fall gelernt hatte, dass zumindest der Inhalt der damaligen Dokumente richtig war, musste man auch im Falle der Lesotho-Papiere von dieser Möglichkeit ausgehen. Was für ein Mensch ist aber eigentlich van Greunen?

Schon die Forscher um Tony Dodd machten während der Recherche zum Kalahari-Fall ihre eigenen Erfahrungen mit van Greunen. Nachdem van Greunen 1989 die Kalahari-Papiere zu Tony Dodd schickte, besuchte er kurz darauf heimlich Großbritannien. Dort traf er sich mit Dodd und Azadehdel. Beide beschrieben ihn später als einen „sehr ängstlichen jungen Mann". Während seines Besuches wurde er die ganze Zeit streng verhört, unterschrieb bei einem Rechtsanwalt in Skipton eine eidesstattliche Versicherung und legte verschiedene Ausweise vor. Außerdem hatte er Aufzeichnungen über Beschäftigungsverhältnisse dabei, die zu belegen schienen, dass er einige Jahre für die Amerikaner gearbeitet habe.

Spätere Recherchen von Dodd und Azadehdel zeigten ein genaueres Bild davon, was für ein Mensch J. H. van Greunen eigentlich war. Er hatte schon sehr früh Interesse am UFO-Thema, war mit 16 Mitglied bei MUFON und gründete in den 80er Jahren eine eigene kleine UFO-Gruppe in Südafrika. Immer wenn die englischen Untersucher van Greunen wegen Unstimmigkeiten in dem Fall angriffen, sagte dieser entweder gar nichts oder machte Unwissenheit geltend. Des Öfteren war seine Antwort: „Ich weiß es nicht- das hat man mir gegeben –

ich kann Ihnen nicht helfen." Van Greunen war ohne Frage ein sehr intelligenter junger Mann, allerdings störte die Engländer seine dauernde Hilfsbedürftigkeit bei der Suche nach Geld für Wohnen, Essen und Reisen sehr.

Sowohl van Greunen als auch H. J. Greeff (der tatsächliche Geheimdienst-Mitarbeiter und Freund von van Greunen aus dem Kalahari-Fall) wurden von Andreas von Rétyi und mir 1996 nach Deutschland geholt. Um es gleich vorweg zu sagen: van Greunen ist ein Mysterium für sich. Um die Umstände um van Greunen noch komplizierter zu machen: **J. H. van Greunen war bei den englischen Recherchen zum Kalahari-Fall noch ein Mann. Wir lernten van Greunen bei den Untersuchungen zum Lesotho-Fall als Frau kennen.** Auch in den Dokumenten über die mögliche Suspendierung van Greunens wegen einer Zusammenarbeit mit dem BND waren bereits die „neuen" weiblichen Vornamen van Greunens angegeben. Die diesbezüglichen Recherchen haben gezeigt, dass es sich aber definitiv um dieselbe Person handelt. Nach Veröffentlichung der ersten Informationen zum Lesotho-Absturz wurde von einzelnen Kritikern argumentiert, dass eine Person mit Geschlechtsumwandlung psychisch zu instabil sei, um für einen Geheimdienst zu arbeiten. Eine solche Pauschalisierung ist aber sicherlich fragwürdig. In meinen Augen bestehen offensichtlich Hintergründe oder Eigenschaften von van Greunen, welche zu einer nachrichtendienstlichen Tätigkeit (zum Beispiel als Kurier) führten. Mir gegenüber sagte sie einmal, dass sie glaube, ihre Aufgabe auf der Welt wäre „Informationen nach draußen zu bringen". Es gab zu dieser Zeit ganz offensichtlich eine kleine Gruppe von Personen innerhalb des südafrikanischen Militärgeheimdienstes, welche der Meinung waren, dass die Weltöffentlichkeit informiert werden sollte. Diese kleine Gruppe benutzte van Greunen als „Tor zu Öffentlichkeit". Im Übrigen hatte ich während der Recherchen zum Lesotho-Absturz den Eindruck, dass die Geschlechtsumwandlung möglicherweise auch erzwungen wurde. Es gab die eine oder andere Verhaltensweise von van Greunen, die diese Möglichkeit nahelegt. Eine solche Geschlechtsumwandlung würde natürlich die Angreifbarkeit des Falles in der Öffentlichkeit sehr unterstützen. Unter dem Motto: Wenn man nicht einmal weiß, ob der Überbringer der Information ein Mann oder eine Frau ist, kann man auch der Information nicht trauen. Leichter kann man einen Fall in der schnelllebigen und schnellurteilenden Öffentlichkeit nicht ins Lächerliche ziehen.

Wir hatten 1996 und 1997 viele ausführliche Gespräche mit van Greunen geführt, und es steht fest, dass sie außergewöhnliche Kontakte im südafrikanischen Militärgeheimdienst hatte. Außerdem möchte ich zu bedenken geben, dass van Greunen bei ihrer Einreise nach Deutschland einen Pass vorzeigte, der bezüglich seiner Farbe als Diplomatenpass charakterisiert werden muss (er war grün, anstatt normalerweise blau). Ihre Aussagen zum Lesotho-Absturz wurden ebenso von H. J. Greeff bestätigt, welcher bezüglich des Kalahari-Abschusses als der eigentliche Informant und als tatsächlicher Offizier (Major) des südafrikanischen Militärgeheimdienstes bekannt wurde.

Zur Person „van Greunen" gehört aber auch, dass sie durchaus bereit ist, Widersprüche und Lügen zu verbreiten, vor allem dann, wenn es um die eigene Person und deren Vergangenheit geht. Wenn sie sich falsch behandelt oder ungerechtfertigt angegriffen sieht, kann sie auch sehr gefährlich werden. Ganz offensichtlich hat sie sich wieder in die Bredouille gebracht, als sie vor ein paar Jahren unter Verwendung einer falschen Identität als NASA-Mitarbeiterin auf angebliche außerirdische Signale hinwies, welche im UV-Bereich empfangen wurden. Auch hier wurde sie (mit Recht) persönlich angegriffen - um die Überprüfung der Angaben kümmerte sich aber niemand...

Recherchen und unerwartete Angriffe

Als ich am 8. März 1996 die ersten Kopien der Lesotho-Dokumente zugefaxt bekam, machte sich sehr schnell das Gefühl in mir breit, dass sich ein Fachmann die Unterlagen ansehen müsste. Ich rief ein paar Tage später Andreas von Rétyi an, der aufgrund seiner sehr gut recherchierten Arbeiten zum UFO-Thema mein Vertrauen besaß. Bei einem persönlichen Treffen vereinbarten wir, den Lesotho-Fall gemeinsam zu recherchieren. Da ich zu diesem Zeitpunkt beruflich noch nicht völlig unabhängig war, ich als Geschäftsmann in der Öffentlichkeit stand und das UFO-Thema in weiten Kreisen besonders der deutschen Öffentlichkeit leider immer noch lächerlich gemacht wird, hatte ich mich schon zu Beginn meiner Aktivität in diesem speziellen Fall dazu entschlossen, das Pseudonym „Alexander Stein“ zu benutzen.

Durch einen „Zufall“ lernte ich einen Mann kennen, bei dem van Greunen in München kurzzeitig wohnte. Über diesen Mittelsmann erhielt ich dann tatsächlich eine Mobiltelefonnummer von van Greunen in Südafrika. Nach vielen, teils stundenlangen Telefongesprächen erhielten wir weitere Dokumente zum Lesotho-Fall per FEDEX zugestellt. Da sich der ebenfalls durch van Greunen zuerst bekannt gewordene Kalahari-Zwischenfall als reales Ereignis herausstellte, mussten wir auch im Falle von „Lesotho“ davon ausgehen, dass der Vorfall tatsächlich passiert ist. Natürlich hätte es auch in diesem Fall wieder sein können, dass die Dokumente zwar gefälscht sein, die in ihnen enthaltenen Informationen jedoch den Tatsachen entsprechen konnten. Die Recherche begann.

Überraschend in diesem Fall waren die bereits zu Beginn in den Dokumenten enthaltenen Details und ausführlichen

Informationen. Hier gab es viele Ansatzpunkte für die Recherchen. In den Papieren war mehrfach die Bezeichnung „TEMPO X OBJECT“ für das UFO verwendet worden. Interessanterweise gibt es ein Dokument der US-Air Force zu einer UFO-Sichtung, wo für das Objekt die Bezeichnung „XT OBJECT“ verwendet wurde.

Es konnte über eine Quelle in München herausgefunden werden, dass van Greunen tatsächlich Kontakt zum deutschen Auslandsgeheimdienst BND hatte. Ein anderer Zeuge bestätigte, dass bei einem Telefonat zwischen van Greunen und dem südafrikanischen Botschafter in Deutschland auch das Wort „Landesverrat“ bezüglich der Aktivitäten van Greunens fiel.

Im Rahmen der Recherchen zu den Lesotho-Papieren überprüfte ich auch die in den Dokumenten angegebenen Telefonnummern. Kritiker des Falls hatten ja später sofort argumentiert, dass die entsprechenden Telefon- und Faxnummern nichts mit den betreffenden Institutionen zu tun hätten. Diese Behauptung war definitiv falsch! Ich erhielt Bestätigungen sowohl für die Richtigkeit der militärischen Telefonnummern in Pretoria und Tempe, als auch für die Telefonnummer des „Medical Research Institute“ *(alles auf Tonband aufgezeichnet)*. Natürlich ist es eine Frage der richtigen Methode, um wahre Informationen zu gewinnen. Zweifellos erhält man eine negative Antwort, wenn es Maßgabe der jeweiligen Institute ist, bezüglich unberechtigter Personen die wahre Identität zu verschleiern und abzuleugnen. Die Vorgehensweise bzw. Naivität mancher „Forscher“ bei der Überprüfung von Telefonnummern und der Bestätigung von Namen des militärischen Personals erscheint mir da gelegentlich geradezu grob fahrlässig.

Als aktiver Astronom begann Andreas von Rétyi, alle auffälligen Himmelserscheinungen zu kontrollieren, welche zur fraglichen Zeit im betreffenden Gebiet gemeldet wurden. Er checkte auch etwaige Satellitenflüge über Lesotho. Allerdings war nichts zu finden, was man mit einem UFO verwechseln konnte, oder zu dieser Zeit in der betreffenden Gegend niederging. Er nahm auch Kontakt zur größten Sternwarte Südafrikas auf, dem „South African Astronomical Observatory", um sich nach besonderen Himmelserscheinungen zur betreffenden Zeit zu erkundigen. Das Observatorium teilte von Rétyi relativ schnell mit, dass man seine Anfrage an einen Beobachter weitergeleitet habe, der sich auf anormale Himmelserscheinungen spezialisiert hatte. Dieser Spezialist für ungewöhnliche Himmelserscheinungen hieß Bill Hollenbach. Bill Hollenbach meldete sich schon relativ bald und schrieb:

„Zum betreffenden Zeitpunkt ist ein heller Feuerball über den Himmel gezogen, der in weiten Teilen des südafrikanischen Kontinents zu sehen war, von Simbabwe bis hinunter nach Port Elizabeth an der Südküste. Es hat Tausende von Zeugen gegeben. Man kann sich auf den Kopf stellen und Zeter und Mordio schreien, aber die Regierung übermittelt nicht die geringsten Informationen von Radaraufzeichnungen."

Das war seltsam, denn wenn es sich bei dem Feuerball um einen normalen Meteor gehandelt hätte, gäbe es keinen Anlass die Informationen zurückzuhalten. In einem späteren Brief von Hollenbach, bezeichnete dieser das Objekt zwar als Meteor, doch setzte er diesen Begriff in Anführungsstriche.

Bei weiteren Telefonaten mit van Greunen, erklärte diese, dass bei zwei verschiedenen Gelegenheiten auf sie geschossen wurde. Sie behauptete aber nicht, dass dies mit dem Lesotho-Fall zu tun haben könnte. Die Situation in Johannesburg war damals grundsätzlich etwas problematisch. Dort fanden zu dieser Zeit durchschnittlich siebzig Morde am Tag statt.

Nach einiger Zeit gab van Greunen auch zu, dass weitere Personen aus dem südafrikanischen Militärgeheimdienst an der Herausgabe der Informationen beteiligt waren. Diese Leute würden hinter der Herausgabe der Informationen stehen und seien daran interessiert, dass die geschilderten Sachverhalte an die Öffentlichkeit gelangen. Unter den Unterstützern waren auch hochrangige Militärs.

Aufgrund unserer zum Teil sehr langen Telefonate mit Südafrika, war es – zumindest im Nachhinein betrachtet – logisch, dass wir plötzlich ganz offensichtlich überwacht wurden. Auch bei den Telefongesprächen zwischen Andreas von Rétyi und mir gab es immer wieder Probleme. Ständig brachen die Verbindungen ab oder wir hatten seltsame Nebengeräusche in der Leitung. Bei einer Gelegenheit machte einer von uns während des Telefonats einen Witz, und eine bis dahin nicht vorhandene dritte Person lachte. Die Telekom erklärte, dass diese Probleme deutlich dafür sprechen würden, dass die Telefone abgehört werden. Und so sahen wir uns dazu gezwungen, mit anrufbaren Telefonzellen zu arbeiten, denen wir Codenamen gegeben haben. Diese Art von Telefonzellen war zur damaligen Zeit noch ziemlich verbreitet zu finden.

Im Laufe unserer Untersuchungen wurde von südafrikanischer Seite auch davon gesprochen, dass es verfügbare Videoaufzeichnungen des abgestürzten UFOs und den gefangengenommenen Insassen gebe. Man hat auch davon gesprochen, dass „Hardware“ zur Seite geschafft wurde. Dabei soll es sich um einen Teil der Innenverkleidung des Raumschiffs und um Gewebeproben der Kleidung der Außerirdischen handeln. Vier Personen wären bereit, in Deutschland auszusagen und hier auch das Video zu veröffentlichen, allerdings müsste gewährleistet sein, dass sich diese Personen hier in Sicherheit ein neues Leben aufbauen könnten. Unter diesen Leuten waren angeblich neben unseren direkten Kontaktpersonen noch ein Oberst und ein General, die noch in Südafrika verweilten. Nachdem Andreas von Rétyi einen Code erhalten hatte, rief er im „Liberty Life Building“ in Pretoria an. Das „Liberty Life Building“ ist ein Versicherungsgebäude und gleichzeitig das Hauptquartier des militärischen Geheimdienstes von Südafrika. Nach Angabe des Codes wurde er tatsächlich weiterverbunden. Er verlangte den Oberst zu sprechen und wurde weitervermittelt, doch meldete sich am Apparat des Obersts niemand. Dann ging der Anruf zurück zur Zentrale, wo man von Rétyi sagte, dass der Oberst momentan nicht verfügbar war. Bezüglich der Veröffentlichung der Informationen und des Videos spielten wir eine Vermittlerrolle zwischen der südafrikanischen Seite und zwei großen deutschen Fernsehstationen. Aufgrund des überhöhten Sicherheitsbedürfnisses der südafrikanischen Beteiligten, kam es aber zu keiner Verständigung.

Im Rahmen der Untersuchungen reiste dann nicht nur van Greunen nach Deutschland, sondern auch H. J. Greeff, der bereits im Kalahari-Fall als tatsächlicher Mitarbeiter im „Communication Command“ des südafrikanischen Militärgeheimdienstes eine wichtige Rolle spielte. Mit ihm wurde auch unter anderem darüber gesprochen, wie die Lesotho-Dokumente aus dem Geheimdienst nach draußen gebracht werden konnten. Es war das Verdienst eines Geheimdienstmitarbeiters innerhalb der

Dokumentationsabteilung des Militärgeheimdienstes. Der Name dieses Mannes ist mir bekannt.

Im Verlauf unserer Recherchen flogen wir auch zu Anthony Dodd nach North Yorkshire in England, um mehr Einzelheiten über die Vorgänge bezüglich des Kalahari-Abschusses 1989 und seine Meinung zu den Lesotho-Papieren zu erfahren. Die drei Tage bei ihm waren sehr aufschlussreich. Von direkten Recherchen in Südafrika mussten wir aus Sicherheitsgründen absehen. Nicht nur weil unsere Telefone in Deutschland rund um die Uhr überwacht wurden, sondern weil uns auch Personen in Südafrika davor warnten. Zum Glück gab es noch eine Kooperation mit zwei südafrikanischen Forschern, die ich hier nur als „Alex" und „E.J." bezeichnen möchte. Die beiden recherchierten direkt in Lesotho. Hier ein kleiner Auszug des Berichts von Alex (Die Hervorhebungen und Erklärungen in Klammern stammen von mir):

16. Januar 1997, 13.00 Uhr: Wir fuhren wieder zurück zur Polizeistation von Leribe, wo ich mit Captain Makafame und Leutnant M. T. Lenkoane sprach. Captain Makafame war erst seit April des letzten Jahres (1996) Chef der Leribe Polizeistation (der Absturz war im September 1995!) und behauptete keine der Namen zu kennen, die wir ihm gegeben haben. Leutnant M. T. Lenkoane ist nun seit drei Jahren in Leribe stationiert und sagte, dass ein Sgt. Tholo (in den Papieren Sgt. Thobo) in der Leribe Polizeistation gearbeitet habe, dieser aber zum Polizeihauptquartier nach Maseru versetzt wurde. Dann erzählte er uns von einem Farmer in der Gegend von Lejone (wo das Objekt abstürzte) mit dem Namen Lechesa (in den Dokumenten: Lachasa). Dieser Farmer besitzt eine Ranch in der bezeichneten Gegend und ist offenbar auch ein örtlicher Häuptling. ***Als ich nach dem „Incident-Report-Book" (Vorfalls-Tagebuch) der Polizeistation für den 15. und 16.***

September 1995 fragte, musste ich eine Weile warten, und mir wurde dann gesagt, man könne es nicht finden. Ich konnte in das Büro mit den Aufzeichnungen sehen und sah die Vorfalls-Bücher für jeden Monat der letzten zehn Jahre in den Regalen stehen. Es erscheint seltsam, dass das einzige Buch, das nicht gefunden werden kann, das ist, das ich sehen wollte.

Später wurde uns von einem Lieutenant-Colonel Kholo Kholo gesagt, dass der Captain der Leribe Polizeistation bis September 1995 tot sei, und dass er eines natürlichen Todes starb. Auf uns machte Kholo Kholo den Eindruck, dass er wegen all unserer Fragen etwas aus der Fassung geriet.

Wir hatten das Gefühl, dass uns die meisten Polizeileute mit denen wir sprachen, anlogen oder etwas vor uns verheimlichten.

Der Chef der Polizeistation von Leribe bis September 1995 ist also tot. Seltsamerweise ereigneten sich während unserer Recherchen mehrere überraschende Todesfälle. Das ging schon damit los, dass am 15. Januar 1996 der König von Lesotho, seine Hoheit Moshoeshoe II., bei einem Autounfall getötet wurde. Dies muss natürlich nichts mit dem Lesotho-Crash zu tun haben, war aber irgendwie auffällig. Wir wollten gleich zu Beginn der Recherchen ein Gespräch mit dem ehemaligen Generalkonsul von Lesotho führen, doch eine Woche vor dem geplanten persönlichen Treffen ereilte uns die Nachricht seines plötzlichen Todes. Ebenso teilte eine südafrikanische Quelle mit, dass ein höherrangiger Offizier zu Tode kam, welcher angeblich die Veröffentlichung des Lesotho-Falls unterstützte. Bei diesem Mann handelte es sich um einen gewissen „Commander Emery". In einem uns später überbrachten Geheimdokument taucht er ebenso wie andere am Fall beteiligte Personen als EOE auf. EOE bedeutet nach Angaben unserer

Kontaktpersonen „Elimination Order Executed". Das heißt, die betreffenden Personen sind nicht mehr am Leben. In jenem Dokument werden auch diejenigen Personen aufgeführt, deren Aufenthaltsort aufgrund ihrer Verwicklung in den Fall geändert wurde (relocated).

Auch Abe Lochwela scheint große Probleme bekommen zu haben. Im Laufe der Ermittlungen überprüfte ich auch die in den Unterlagen angegebene Fax-Nummer des Verteidigungsministeriums von Lesotho. Ebenso rief ich dort als „Dr. Wagner" an, um die Existenz des auf dem Fax genannten Beamten Abe Lochwela zu überprüfen. Da es sich ja um das Verteidigungsministerium handelte, musste auch nachts jemand zugegen sein. Ich wählte die Telefonnummer von Abe Lochwela an einem Sonntag um 23:00 Uhr nachts. Nach nur einem Klingelzeichen war jemand am anderen Ende der Leitung. Ich fragte: *„Sind Sie der diensthabende Offizier?"* und der Mann (nachfolgend als MOD1 bezeichnet) antwortete: *„Nein, das bin ich nicht."* Darauf folgte folgender Dialog:

Autor: *Wer sind Sie?*

MOD1: *Sie sollten nicht nach meinem Namen fragen!*

Autor: *Ich benötige dringend ein Gespräch mit dem diensthabenden Offizier.*

MOD1: *Ich stelle Sie durch.*

Ein zweiter Mann (MOD 2) meldete sich daraufhin am Telefon:

Autor: *Ist da das Verteidigungsministerium?*

TOP SECRET
UITERS GEHEIM

d) Federal Republic of Germany

e) France

f) Sweden

g) Switzerland

h) Italy

I) Russia

j) Australia

INDIVIDUALS;

P. Lachasa	EOE
M. Thobo	EOE
D. Sobetwe	EOE
J. Lananje	EOE
G. Parker	EOE
G. Emery	EOE
B. Theron	Relocated
P. Dwight	Relocated
M. Louw	Relocated
F. Cumberland	Relocated
J. Fouche	Relocated
D. Haman	Relocated
F. Lange	Relocated
A. Naude	Relocated

List uncompleted pending further confirmation

CONCLUSION

Presented by Gen. G. Meiring (Member / ILLUMINATED COUNCIL

TOP SECRET
UITERS GEHEIM

Dokument bezüglich der eingeleiteten Schritte bezüglich einzelnen Personen, welche in den Lesotho-Fall verwickelt sind.
(Quelle: Archiv Oliver Gerschitz)

TOP SECRET
UITERS GEHEIM

LOCAL GOVERNMENT RESPONSE

Presented by Gen. D. Groenenwaldt

The ultimate role of our government with regards to the extraterrestrial problem snould be a stance of complete and utter denial on a local and international level. Counterintelligence measures are in place to successfully debunk both what took place in the Kalahari as well as Lesotho and will play a significant role in all future events of a similar nature.

Local government response will in future be felt as far our ambassadorial and diplomatic services. Strict control, precaution and ignorance must be applied.

On a national level local government will respond with counterintelligence measures as well relocation and eventual elimination of those posing a threat to national security or the defence secrets act.

Departments affected;

Dept. Home Affairs
SAPF
Dept of Justice
Dept of Foreign Affairs
Diplomatic Services
Ambassadorial Services
Dept of Military Intelligence
SASS

TARGETS

Global Targets;

a) United States of America

b) Canada

c) United Kingdom

TOP SECRET
UITERS GEHEIM

Dokument bezüglich der Ziele von geheimdienstlichen Gegenmaßnahmen, betreffend der Veröffentlichung von Informationen zum Lesotho-Fall.
(Quelle: Archiv Oliver Gerschitz)

MOD2: *Verzeihung?*

Autor: *Ist dies das Verteidigungsministerium?*

MOD2: *Ja!*

Autor: *Sind Sie der diensthabende Offizier?*

MOD2: *Ja, richtig.*

Das gesamte Telefonat (ebenso wie auch alle anderen Telefonate im Lesotho-Fall) wurde auf Tonband aufgezeichnet. Deswegen kann ich mit ziemlicher Sicherheit sagen, dass es sich bei MOD1 um niemand anderen als Abe Lochwela gehandelt hat. Das ergibt ein Stimmenvergleich, denn am 2. Juli 1997 rief Abe Lochwela bei mir an und hinterließ eine kurze Nachricht auf meinem Anrufbeantworter. Lochwela wirkte dabei sehr angespannt und nervös. Er sagte in englischer Sprache:

„Mein Name ist Abe Lochwela. Ich werde bestraft werden. (...) Ich weiß, dass Sie einer der beiden sind, die sich mit der südafrikanischen Angelegenheit befassen. Ich werde später nochmal anrufen. (...) Sie können mich nicht zurückrufen – Ich bewege mich von Ort zu Ort. Good Bye.

Seitdem hat man nichts mehr von ihm gehört. Möglicherweise ist ihm etwas zugestoßen, zumindest ist dies nach all den anderen seltsamen Todesfällen nicht auszuschließen.

UFO-Forscher oder UFO-Wichtigtuer?

Die bekannte - mittlerweile leider auch verstorbene - UFO-Forscherin Cynthia Hind aus Simbabwe erklärte gegenüber dem afrikanischen Ufologen Mike Kawitzky, dass ein ehemals hochrangiger Militär der „alten" südafrikanischen Regierung die Dokumente zum Lesotho-Fall gesehen und darauf gesagt hat: *„Lassen Sie lieber die Finger davon, Sie handeln sich sonst Ärger ein!"* Angeblich hat er dies aufgrund der damals angespannten politischen Lage zwischen Südafrika und Lesotho gesagt, so wurde berichtet. Allerdings war zu dieser Zeit auch schon bekannt, dass zumindest einige UFO-Forscher im südlichen Afrika die Angelegenheit nach außen herunterspielten, weil Sie den südafrikanischen Geheimdienst fürchteten.

Damit sind wir bei einem Thema, welches eigentlich gar nicht existieren dürfte. Bereits zu Beginn der Recherchen zum Lesotho-Fall warnte uns van Greunen davor, dass wir wahrscheinlich mehr Ärger mit „UFO-Forschern" der etwas „seltsamen Art" bekommen werden, als mit dem einen oder anderen Geheimdienst. Und so kam es dann auch. Auch Tony Dodd und seine Kollegen von QUEST-International bekamen diese Probleme bei den Recherchen zum Kalahari-Fall. Dazu sagte er unter anderem:

Diese Leute behaupten, alle Verbindungen zu kennen, alle Informationen zu haben. Die meisten haben keine formelle Ausbildung, wie Ermittlungen durchzuführen sind, aber sie behaupten, sie wüssten alles. Manche sind so schnell dabei, andere fertigzumachen, die Informationen zutage bringen, einzig und allein, weil sie selbst nicht bestätigen können, was passiert ist – und als Folge davon kann es natürlich auch nicht passiert sein. (...) Aber sich einfach abzuwenden, wie es die meisten zu Beginn schon taten, und zu sagen „das ist nie geschehen", zeigt doch die Qualität dieser „Ermittler", weil sie, offen gesagt, einfach nicht wissen, wovon sie sprechen.

Die Erfahrungen im Lesotho-Fall waren da nicht anders. Viele Fakten, die in mühseliger Kleinarbeit ermittelt wurden, beweisen, dass am 15. September 1995 tatsächlich ein besonderer Vorfall stattgefunden hat. Mehr als beunruhigend ist aber, wie oberflächlich und ungenau der ein oder andere „Forscher" sich mit den Informationen befasst hat. Teilweise hatte man auch den Eindruck, dass sich so mancher Kritiker überhaupt nicht mit dem Fall befasst hat! Da wurde einfach eine Meinung als sachliche Tatsachendarstellung niedergeschrieben oder es wurde einfach nur voneinander abgeschrieben. Ich konnte auch Fälle ausmachen, bei denen Fakten absichtlich verfälscht wiedergegeben wurden.

So hat zum Beispiel der damalige Chefredakteur eines deutschen Esoterik- und UFO-Magazins eine überraschend umfangreiche Titelgeschichte zum Lesotho-Fall veröffentlicht, nur um darin zu erklären, dass der gesamte Fall nur eine Erfindung sei. Leider haben die in seinem Bericht aufgeführten Details nachweislich nicht den Fakten entsprochen. Sie haben ein vollkommen falsches Bild des Lesotho-Crashs entstehen lassen. Alle von ihm aufgestellten falschen Darstellungen wurden in einer elfseitigen Richtigstellung im UFO-Kurier vom September 1997 widerlegt. Interessant an dieser Sache war aber, dass der betreffende Chefredakteur bei anderen UFO-Informationen überraschend fahrlässig war, was eine kritische Betrachtung angeht. So hat er den im Kapitel I. besprochenen, gefälschten „Santilli-Film" (Roswell-Autopsie) für echt erklärt und legte hierfür 1995 vermeintliche Video-Beweise vor. Leider schaden solche

„Forscher" der Sache nur. In diesem besonderen Fall hat sich das Problem aber erledigt, da besagter UFO-Forscher mittlerweile zum Vatikan-Experten mutiert ist.

Alle Informationen zum Lesotho-Crash deuten eindeutig darauf hin, dass ein bis heute unbekanntes Flugobjekt 1995 über Lesotho niedergegangen ist. Auch der Kalahari-Crash im Jahr 1989 war ein reales Ereignis. Als wir 1997 Tony Dodd in England besuchten, antwortete er auf die Frage, warum zahlreiche sogenannte Forscher den „Kalahari-Fall" als reinen Schwindel bezeichnen:

„Because they do not know anything! –
Weil sie nicht das Geringste wissen!"

Ein globales Szenario

„Es gibt zwei Möglichkeiten einen Planeten zu übernehmen: Durch Invasion oder durch Infiltration“
(J. H. van Greunen)

Um das globale Szenario im Hinblick auf UFO-Abstürze bzw. UFO-Abschüsse skizieren zu können, muss ich zunächst leider etwas ausholen, damit man den Gesamtzusammenhang gut erkennen kann. In meinem 2004 erstmals erschienenen Buch „Verschlusssache Philadelphia-Experiment“ hatte ich bereits beschrieben, wie eine uns nicht wohlgesonnene außerirdische Macht versucht, der Menschheit eine Falle zu stellen, um unseren Planeten zu übernehmen. Ich nannte dies damals ein „kosmisches trojanisches Pferd“. Hintergrund ist, dass eine außerirdische Rasse, welche der Menschheit sehr ähnlich sieht, den Planeten Erde zu Ihrer neuen Heimat auserkoren hat, weil ihr Heimatplanet bald unbewohnbar sein wird. Auf diesen Aspekt werde ich dann zum Schluss noch einmal zurückkommen.

Zuerst sollten wir uns Gedanken darüber machen, warum diese UFO-Abstürze und die Existenz der Außerirdischen überhaupt geheim gehalten werden. Hierzu könnte ein Dokument Aufschluss geben, welches im Rahmen der Recherchen zum Lesotho-Absturz auftauchte. Es geht dabei um eine Sitzung des südafrikanischen Sicherheitsrates (bzw. Illuminated Nine) bezüglich des weiteren Vorgehens im Lesotho-Fall. Laut den Unterlagen referierte ein General S. Pieterse zu den möglichen politischen Folgen, sollte die Existenz der Außerirdischen der Öffentlichkeit enthüllt werden. In dem Dokument heißt es:

Die bloße Existenz einer außerirdischen Intelligenz ist ein ziemlich fassungslos machendes Problem, auch bezogen auf

TOP SECRET
UITERS GEHEIM

STATISTICS

The Department of Statistics was given the assignment in 1995 to assess the political implications on a national scale should a breach of secrecy occur within the Republic of South Africa.

POLITICAL

Presented by Gen. S. Pieterse

The very existence of extraterrestrial intelligence is quite a unnerving issue to deal with as a psychological issue and politically we have foreseen the following implications;

a) A total collapse of all governmental structures and infrastructures as well as political orientations across the board.

b) A state of confusion and mass panic amongst all political parties stretching from the president to the man on the street.

c) Monetary and total economical collapse.

d) The SANDF / SAPF and associated departments will cease to function under controlled discipline creating a platform for a military coo or a state of anarchy.

e) Politics are based on certain laws created by various forms of religion and therefore religion itself is a very powerful measure to control and govern the population of a country. We foresee the total collapse of all religious denominations.

f) Crime will become the order of the day due to a population that is uncontrollable.

TOP SECRET
UITERS GEHEIM

Informationsdokument zu den möglichen politischen Folgen, sollte die Existenz der Außerirdischen der Öffentlichkeit enthüllt werden.
(Quelle: Archiv Oliver Gerschitz)

psychologische und politische Probleme, und wir hatten folgende Konsequenzen vorausgesehen:

a, Ein totaler Zusammenbruch aller Regierungsstrukturen und Infrastrukturen, und zwar mitten durch alle politischen Ausrichtungen.

b, Ein Zustand der Verwirrung und Massenpanik unter allen politischen Parteien vom Präsidenten bis zum einfachen Mann auf der Straße.

c, Finanzieller und totaler wirtschaftlicher Zusammenbruch.

d, Das südafrikanische Militär und die südafrikanische Polizei (South African National Defense Force / South African Police Force) und daran angeschlossene Abteilungen würden aufhören, kontrolliert und diszipliniert zu funktionieren, was eine Plattform für einen Militärputsch oder den Zustand von Anarchie hervorbringen würde.

e, Politik an sich basiert auf bestimmten Gesetzen, welche aus verschiedenen religiösen Richtungen entstanden, und deswegen ist die Religion an sich ein sehr mächtiges Kontrollinstrument und steuert die Bevölkerung eines Landes. Wir sehen den totalen Zusammenbruch aller religiösen Glaubensgemeinschaften voraus.

f, Für eine unkontrollierbare Bevölkerung wird Kriminalität an der Tagesordnung sein.

Diese Befürchtungen sind natürlich nicht von der Hand zu weisen. Auch in den USA machte man sich aufgrund der Panik während des Radiohörspiels „Krieg der Welten“, welches von Orson Welles inszeniert wurde, große Sorgen. In dem Hörspiel ging es um eine kriegerische Invasion von Marsianern auf der Erde. Dieses Hörspiel war so überzeugend gestaltet, dass es in Teilen der USA zu einer Panik kam. Man dachte, die „Marsianer" wären tatsächlich gelandet.

Ganz offensichtlich ist man sich bei den eingeweihten Stellen der Geheimdienste bewusst, dass uns ein spezieller Typ Außerirdischer auch nicht sehr wohlgesonnen ist. Im Fall des abgeschossenen Kalahari-UFOs wurden die Außerirdischen als aggressiv beschrieben, außerdem wurden offensichtlich auch Waffen an Bord gefunden. Darüber hinaus fand man auch Informationsträger aus Silizium an Bord des Kalahari-Raumschiffs, welche durch den US-Spezial-Geheimdienst „SIGINT" entschlüsselt werden konnten. Unter anderem wurden dabei folgende Informationen gefunden:

Der Exodus zur Erde wird aufrechterhalten; vollständige Übernahme der menschlichen Rasse und Vereinnahmung aller sich im Amt befindlichen Führer; Entzug allen Wassers aus Seen und Flüssen soll wie von Führer „Akron" genehmigt ausgeführt werden, die totale Versklavung der als Menschen bekannten Rasse und eventuelle sichere Auslöschung der kompletten Bevölkerung.

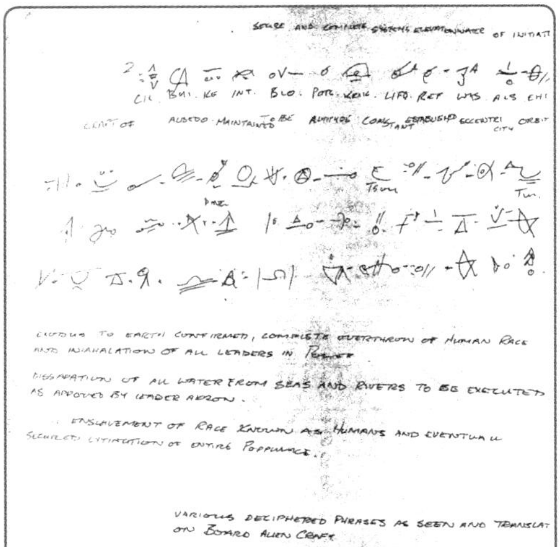

Aufzeichnungen eines ehemaligen SIGINT-Insiders.
(Quelle: Archiv Oliver Gerschitz)

Das klingt nun wahrlich nicht freundlich. Was haben aber die über die Lage unterrichteten Länder dagegen gemacht?

Die Geheimdienste der USA haben nach dem Absturz des Roswell-UFOs intensiv daran gearbeitet, die dahinterstehende Technik zu verstehen. Nach meinen Informationen stammte übrigens das bei Roswell abgestürzte UFO nicht von der uns feindlich gesonnenen Gruppe Außerirdischer, sondern von einer uns gegenüber wohlwollend eingestellten Gruppierung. Anschließend wurde die Area 51 eingerichtet und es wurde natürlich danach geforscht, warum das von Howard Hughes Firma getestete neue Radarsystem das Objekt vom Himmel holen konnte.

Der 2001 ermordete ehemalige US-Marine-Geheimdienst-Offizier William Cooper sah während seiner Dienstzeit hochgeheime Unterlagen, die Präsenz von Außerirdischen betreffend. Es war Material, welches er 1972 sah und Teil des „Grudge/Blue Book – Berichtes Nr. 13“, Unterlagen der „Operation Majority“ und „Material zur Einweisung des Oberkommandeurs der Pazifischen Flotte“ waren. Aus dem „Grudge/Blue Book-Bericht Nr. 13“ ging hervor, dass eine Art US-Geheimregierung existierte, welche sich um die Angelegenheit bezüglich der Außerirdischen befasste. Diesbezüglich gab es einige militärische Geheimoperationen, deren Codenamen Cooper einsehen konnte und später unter Einsatz seines Lebens veröffentlichte.

Besonders wichtig erscheinen mir hierbei die beiden Geheimoperationen „SIGMA“ und „PLATO“. Projekt „SIGMA“ hatte die Herstellung von Kommunikation zu den Außerirdischen zur Aufgabe. Projekt „PLATO“ sollte daraufhin diplomatische Beziehungen zu den Außerirdischen herstellen. Dieses Projekt war auch dafür verantwortlich, dass die USA dann später einen Vertrag mit diesem Typus Außerirdischer abschloss, der beinhaltete, dass die Aliens den US-Geheimdiensten Technologien zur Verfügung stellen und nicht in unsere Geschichte eingreifen. Im Gegenzug würde die US-Regierung die außerirdische Präsenz auf der Erde geheim halten, nicht in die außerirdischen Aktionen eingreifen, und den Außerirdischen erlauben, zu Forschungszwecken Menschen und Tiere zu untersuchen.

Die von William Cooper eingesehenen geheimen Akten enthielten auch ca. zwanzig Fotos der außerirdischen Leichen, der abgestürzten UFOs, sowie der Landung einer außerirdischen Gruppe auf der Holloman Air Force Base im Jahr 1954. In einem Interview mit der UFO-Forscherin Linda Moulton Howe machte Cooper hierzu folgende Aussagen:

„Auf einem Foto waren die langnasigen Grauen, die in Holloman landeten, besonders deutlich zu sehen. Ihre Augen waren geschlitzt, sie sahen richtig böse aus und schienen zu glühen, das hellweiße auf dem Schwarz-weiß-Foto um sie herum brachte zumindest diese Wirkung hervor. Im Profil schien ihr Kopf weit nach hinten zu reichen. Sie erinnerten mich an Darstellungen aus dem alten Assyrien oder Ägypten.

Die Papiere behandelten auch die Holloman-Landung. Diese fand statt, nachdem es Projekt SIGMA gelungen war, mit Hilfe von Hochfrequenz-Radiowellen und binärer Computer-Sprache mit den Fremden in Kontakt zu treten und sie so quasi nach Holloman einzuladen.

Sie landeten dort, es kam zu einer Grundsatz-Vereinbarung, die dazu führte, dass ein Ver-

Zeichnung der langnasigen Greys von William Cooper.
(Quelle: Archiv Oliver Gerschitz)

trag ausgehandelt und beim nächsten Treffen unterzeichnet wurde. Die Außerirdischen erzählten, sie seien unsere Freunde, sie hätten die Menschheit in einer Kreuzung mit den primitiven Primaten geschaffen, das Ergebnis sei der Cromagnon-Mensch gewesen. Auch hätten sie unsere Religionen geschaffen.

Sie zeigten holographische Bilder in einem kristallartigen Gerät, die das bewiesen, die Regierung glaubte ihnen daher. Die Geheimberichte erwähnen aber auch, dass die Außerirdischen die US-Regierung belogen und getäuscht haben, indem sie entgegen der Vereinbarung Menschen entführten, ohne die Regierung zu informieren.“

Ganz offensichtlich hat diese außerirdische Gruppe die Vereinbarung mit der US-Regierung nicht eingehalten. Als man dies auf Seiten der USA bemerkte, entschloss man sich dazu, Gegenmaßnahmen einzuleiten. Man brachte die Entwicklung neuartiger Waffen voran, mit welchen man die UFO-Antriebe stören und außer Kraft setzen kann. Darunter waren auch Entwicklungen im Laser- und Maserbereich. Aufgrund der Aufzeichnungen von NORAD entdeckte man sehr bald, dass es ganz offensichtlich eine große Einflugzone rund um den Globus gibt, in denen die außerirdischen Flugobjekte in die Erdatmosphäre eintauchen. Dieses Band befindet sich in etwa zwischen dem 20. und 40. südlichen Breitengrad. Interessanterweise befinden sich die meisten wichtigen UFO-Ereignisse der letzten 40 Jahre innerhalb dieses Bandes. Kalahari, Lesotho und auch einige wichtige Orte in Brasilien (Varginha 1996) befinden sich dort.

Um feindliche außerirdische Raumschiffe bekämpfen zu können, war es also unvermeidbar die Geheimdienste der betreffenden Länder in den Einflugzonen über die Entwicklung zu informieren. Zu diesen Ländern gehören demnach unter anderem Australien,

Chile, Brasilien und Südafrika. Diese Länder erhielten das notwendige „Know How" um selbst Maserwaffen zu entwickeln und dann gegen außerirdische Flugobjekte einzusetzen. Dies meinte Tony Dodd, als er im Interview mit dem UFO MAGAZINE von einem „höchst erschreckenden Szenario" sprach.

In gewisser Weise ist es auch erschreckend, dass wir es hier zumindest teilweise mit reptilienartigen Außerirdischen und Biorobotern zu tun haben. Wie wir im Abschnitt „Projekt HORNET" gesehen haben, handelt es sich bei den Biorobotern (zumindest die, der uns feindlich gesinnten Außerirdischen) um eine Kreuzung von Pflanzen und Reptilien. Eine solche Kreuzung ist für unsere Wissenschaft unvorstellbar, allerdings scheinen diese Bioroboter sehr belastbar zu sein. Was Reptilien, Drachen und gefiederte Schlangen angeht, ist die UFO-Forschung voll mit interessanten Hinweisen.

Hierbei ist der Fall des 22jährigen Polizisten Herbert Schirmer sehr bedeutend. Schirmer wurde während seines Dienstes für die Polizei des US-Bundesstaates Nebraska am 3. Dezember 1967 von einem UFO entführt. Erst unter Hypnose, erinnerte sich Schirmer, wie humanoide Wesen, zwischen 1,30 Meter und 1,50 Meter groß, ihn von seinem Auto in das Schiff eskortierten, wo der Anführer ihm eine „Tour" gab und verschiedene Dinge über sich und ihre Mission erklärte. Die Wesen hatten leicht geneigte „katzenartige" Augen (die nicht blinzelten), grauweiße Haut, lange und dünne Köpfe mit flachen Nasen und schlitzartigen Mündern. Sie trugen silbergraue Uniformen, Handschuhe und Helme und auf der linken Brust jedes Anzugs das **Emblem einer geflügelten Schlange**.

Im Falle der UFO-Entführung von Bill Herrmann 1978 gab Herrmann später über seine außerirdischen Entführer zu Protokoll:

„An der linken Brustseite des einteiligen Overalls der kleinen Wesen fiel mir ein eingearbeitetes, metallisch schimmerndes Emblem auf – ***das Symbol eines geflügelten Drachens****."*

In „Verschlusssache Philadelphia Experiment" berichtete ich von einer außerirdischen Rasse aus dem Sonnensystem „Markab". Ich nannte diese Gruppe von Außerirdischen, die „Markabianer". Die Markabianer sind Mitglied eines galaktischen Verbundes, den man gemeinhin „Die imperiale Allianz" nennt. Diese wiederum wird von Reptilienrassen dominiert. Allerdings gibt es da draußen noch einen anderen großen Verbund, welchen man „Die galaktische Konföderation" nennt. Diese sieht sich unter anderem als Wächter des „kosmischen Gesetztes des freien Willen". Jede Zivilisation und jeder Planet, der nicht der Galaktischen Konföderation oder der Imperialen Allianz angehört, darf von keiner der beiden Seiten zu Zwangsentscheidungen geführt werden. Die Erde wird zwar zur Zeit von der Galaktischen Konföderation geschützt, allerdings ist unser Planet kein Mitglied dieser Vereinigung, und so kann sich die Erdbevölkerung entscheiden, entweder einmal den „freien" Mitgliedern der Konföderation oder aber der diktatorischen Imperialen Allianz von Drakoniern und Markabianern beizutreten.

Als nun die Markabianer unser Sonnensystem als Ort für Ihre neue Heimat erwählten, sah man sich mit mehreren Problemen konfrontiert. Das Hauptproblem war, dass man den freien Willen der Erdbevölkerung respektieren musste. Würde man diesen freien Willen brechen, indem man zum Beispiel eine Invasion auf der Erde durchführen würde, wäre man im sofortigen Kriegszustand mit der Galaktischen Konföderation. Und dies will man unbedingt vermeiden. Es könnte nämlich zur Folge haben, dass das ersehnte neue Zuhause bereits vollständig zerstört wäre, bevor der neue Besitzer überhaupt dort einziehen kann.

Aus diesem Grund war und ist eine Invasion nicht möglich. Obendrein wurden die Raumschiffe der Imperialen Allianz jetzt auch noch mit Maserwaffen angegriffen und zum Teil auch abgeschossen. Doch die Infiltration des Planeten Erde war bereits in vollem Gange. Man nutzte die Neugier und Naivität einer deutschen Geheimgesellschaft aus, indem man dieser über mediale Übermittlungen den Bauplan für eine Maschine transferierte. Diese Maschine sollte angeblich die Möglichkeit bieten, die alten Ahnen der Menschheit zu kontaktieren. Die Mitglieder dieser sogenannten „Vril-Gesellschaft" waren total begeistert, und machten sich im Jahr 1923 sofort daran, diese „Jenseits-Flugmaschine" zu bauen. Doch es handelte sich um ein Trojanisches Pferd. Als die Maschine am 12. August 1923 gestartet wurde, öffnete man einen von Menschen durch freien Willen verursachten Raum-Zeit-Riss. Durch diesen gelangte eine markabianische Vorhut auf die Erde, um den großen Coup - einen riesigen Raum-Zeit-Riss von 1943 bis 1983 - einzufädeln und durchzuführen.

Ebenso hatte man auch die Hände im Spiel, die führenden und mächtigsten Geheimgesellschaften auf der Erde zu unterwandern und deren Führung durch Markab steuern zu lassen. Und so ist deren Ziel eben auch genau das Ziel der Markabianer: Eine neue Weltordnung mit einer einzigen Weltregierung, einer Weltreligion und einer Weltwährung auf unserem Planeten zu installieren, und mit Hilfe dieser Weltregierung dann den Planeten zu übernehmen. Abschließend bringt man die Erdbevölkerung dazu, hoffnungsvoll die glänzenden markabianischen Raumschiffe zu erwarten, Repräsentanten einer angeblich wohlmeinenden, weit fortgeschrittenen Zivilisation, die nur das Beste für die Bevölkerung der Erde will. Überwältigt vom pünktlichen Erscheinen und der unendlichen Güte ihrer Retter würde die Menschheit – vertreten durch die Weltregierung – dem Markabianischen Bund und somit der Imperialen Allianz beitreten. Nein, noch viel schlimmer, man würde geradezu darum betteln, dabei sein zu dürfen! Dieser Beitritt wäre dann eine freiwillige Entscheidung auf demokratischer Basis, genau wie von der galaktischen Verfassung (freier Wille) gefordert. Und weder eine Galaktische Föderation, noch ein paar warnende Erdenbürger würden irgendetwas daran ändern können, denn alle Aktionen sind völlig legal.

Doch durch einige spezielle Ereignisse (seit dem sogenannten Montauk-Projekt) in den Jahren 1983 bis 2003 ging der Plan der Markabianer, die Erde bis zum Jahr 2000 übernommen zu haben, nicht mehr auf. Dazu kam noch ein Ultimatum der Galaktischen Föderation, welches besagte, dass jegliche Anwesenheit von Markabianern oder anderer Kräfte der Imperialen Allianz auf der Erde bis spätestens 12. August 2003 beendet sein müsse. Bis dahin mussten alle Beteiligten der Imperialen Allianz Erde und Mond verlassen haben. Grund für dieses Ultimatum war, dass die Spitze der Galaktischen Konföderation (Andromedanischer Rat) sehen wollte, wie die Menschen sich verhalten, wenn sie nicht mehr von den Außerirdischen der Imperialen Allianz manipuliert werden. Interessanterweise sind gemeldete „negative" UFO-Entführungen nach August 2003 fast nicht mehr zu finden. Vorher gab es sogar Dokumentationen im deutschen öffentlich-rechtlichen Fernsehen zu diesem Thema. Auch die UFO-Absturz-Fälle beziehungsweise entsprechende Meldungen bleiben seitdem aus (siehe Kapitel UFO-Abstürze weltweit). Hotspots mit großer UFO-Aktivität wurden seit 2003 zu ruhigen Gegenden. Bestes Beispiel hierfür ist die berühmt-berüchtigte „Skinwalker-Ranch" in Utah, welche über 50 Jahre lang (!) der Schauplatz furchteinflößender und ungewöhnlicher Vorgänge war (Tierverstümmelungen, UFO-Nahbegegnungen, rote Lichtbälle). Ein Forscherteam hatte die dortigen Vorgänge 8 Jahre lang vor Ort überwacht, im Jahr 2004 (!) dann die Forschungen dort aber eingestellt, da keine paranormalen Aktivitäten mehr auf der Ranch stattfanden.

Das Ultimatum der Galaktischen Föderation hatte zum Zweck, dass man sehen wollte, wie sich die Menschheit verhält, wenn Sie nicht mehr von den Kräften der Imperialen Allianz manipuliert wird. Die Menschheit hat nun die einzigartige Gelegenheit, die Chance zu ergreifen und ihr Schicksal selbst in die Hand zu nehmen, so dass in Zukunft die Menschen sich selbst, untereinander und auch unseren Planeten respektieren. Wir sollten nicht warten gerettet zu werden, retten müssen wir uns schon selber. Aber was passiert, wenn wir das Ultimatum an die Imperiale Allianz nicht nutzen? Kommen dann die „Drachen" zurück?

Danksagung

Mein besonderer Dank gilt allen Whistleblowern im Militär und bei den Geheimdiensten, welche unter Einsatz ihres Lebens Informationen zur außerirdischen Präsenz auf Erden „nach draußen" brachten. Mein Dank geht an meine liebe Daniela, die mich zu jeder Zeit unterstützte. Ich danke Andreas von Rétyi für die gute Zusammenarbeit, was den Kalahari-Zwischenfall und die Lesotho-Angelegenheit betrifft. Dem Team vom „Regentreff" und den Mitarbeitern des „OSIRIS-Verlags" danke ich für Ihre langjährige Unterstützung bei der Verbreitung von durch den Mainstream unterdrückten Informationen. Bei Jochen Kopp bedanke ich mich für seine Unterstützung in der Anfangszeit der Lesotho-Recherchen.

Ganz besonders möchte ich mich bei Ihnen, lieber Leser, bedanken. Aber ich habe gleichzeitig auch noch eine Bitte an Sie:

Geben Sie unterdrückte Informationen weiter,
die Zeit ist reif dafür!
JETZT!

Literatur

Das Verzeichnis erhebt keinen Anspruch auf Vollständigkeit.

Berlitz, Charles & Moore, William L.: - Der Roswell-Zwischenfall -, Wien, Zsolnay, 1980

Collier, Alex: - Eine außerirdische Perspektive der Erde -,
Obergünzburg, UFO-Nachrichten, 1997

Cooper, William Milton: - MJ12: Die geheime Regierung -, Peiting, Edition Pandora, 1996

Corso, Philip J. & Birnes, William J.: - Der Tag nach Roswell -, München, Goldmann, 1998

Denk, Peter: - Das Mars-Geheimnis und weitere Enthüllungen -,
Gelnhausen, J.K.Fischer, 2018

Dodd, Tony: - Alien Investigator -, London, HEADLINE, 1999

Friedman Stanton T. & Berliner, Don: - Der UFO-Absturz bei Corona -,
Rottenburg, Kopp, 1995

Gerschitz, Oliver: - Verschlusssache Philadelphia-Experiment -, Schönberg, OSIRIS, 2015

Good, Timothy: - Jenseits von Top Secret -, Frankfurt am Main, Zweitausendeins, 1991

Good, Timothy: - Sie sind da -, Frankfurt am Main, Zweitausendeins, 1992

Harris, Brad: - Die dunkle Seite des Mondes (Teil 2), Peiting, Edition Pandora, 1996

Kelleher, Colm A. & Knapp,George: - Jagd auf den Skinwalker -, Rottenburg, Kopp, 2019

Ostrovsky, Victor: - Geheimakte Mossad -, München, Bertelsmann, 1994

Randle, Kevin & Schmitt, Donald: - Der UFO-Absturz bei Roswell – Rottenburg, Kopp, 1996

Randle, Kevin & Schmitt, Donald: - Die Wahrheit über den UFO-Absturz bei Roswell -,
Rottenburg, Kopp, 1998

Stringfield, Leonard H.: - Im Allerheiligsten der Geheimdienste und des U.S. Militärs -,
Rottenburg, Kopp, 1996

UFO-Kurier Nr. 27: - Exklusivbericht: UFO-Absturz in Lesotho -, Rottenburg, Kopp, 1997

UFO-Kurier Nr. 28: - Der „Lesotho-Fall“: Ein erster Nachtrag -, Rottenburg, Kopp, 1997

UFO-Kurier Nr. 29: - Der „Lesotho-Fall“: Alexander Stein meldet sich zu Wort -,
Rottenburg, Kopp, 1997

UFO-Kurier Nr. 29: - Neues Licht auf Roswell? -, Rottenburg, Kopp, 1997

UFO-Kurier Nr. 46: - Colonel Corso erleidet tödlichen Herzanfall -, Rottenburg, Kopp, 1998

UFO MAGAZINE May/June 1993, Special Edition – The Kalahari Conspiracy, Skipton,
QUEST-International, 1993

von Rétyi, Andreas: - Das Alien-Imperium -, München, Langen-Müller, 1995

Witkowski Igor: - Die Wahrheit über die Wunderwaffe -, Immenstadt, Mosquito-Verlag, 2010

OSIRIS
VERLAG
Ihr Tor zur Wahrheit